Asya Mutfağından Tatlar

Uzakdoğu'nun Gizemli Lezzetleri

Elif Özdemir

İçindekiler

acı tatlı sazan 9
Tofu ile Sazan 11
Bademli balık ruloları 13
Bambu filizli morina balığı 15
Fasulye filizi ile balık 17
Kahverengi soslu balık filetosu 19
Çin balık köftesi 20
çıtır kızarmış balık 21
kızarmış morina 22
beş baharatlı balık 23
Kokulu balık çubukları 24
Turşu ile balık 25
zencefilli morina 26
Mandalina soslu morina 28
ananas balığı 30
Domuz eti ile balık ruloları 32
Pirinç şarabında balık 34
Kızarmış balık 35
susamlı balık 36
buğulanmış balık topları 37
Tatlı ve ekşi marine edilmiş balık 38
Vinaigrette soslu balık 39
kızarmış yılan balığı 41
kuru pişmiş yılan balığı 42
Kerevizli yılan balığı 44
Mezgit Dolması Biber 45
Siyah fasulye soslu mezgit balığı 46
Kahverengi Soslu Balık 47
beş baharatlı balık 48
Sarımsaklı mezgit balığı 49
baharatlı balık 50
Pak Soi ile Zencefil Mezgit Balığı 52

mezgit örgüler 54
buğulanmış balık ruloları 55
Domates soslu pisi balığı 57
Maymunbalığı Brokoli ile 58
Kalın soya soslu barbunya 60
batı gölü balığı 61
kızarmış pisi 62
Çin Mantarlı Pişmiş Pide 63
sarımsak pisi balığı 64
Ananas soslu pilav 65
Tofu Somonu 67
Kızarmış marine edilmiş balık 68
havuçlu alabalık 69
kızarmış alabalık 70
Limon soslu alabalık 71
çin ton balığı 73
Marine edilmiş balık filetosu 75
bademli karides 76
anasonlu karides 77
kuşkonmazlı karides 78
pastırma ile karides 79
karides köfte 80
ızgara karides 82
Bambu filizli karides 83
fasulye filizi ile karides 84
Siyah fasulye soslu Gambas 85
Kerevizli Karides 86
tavuk ile kızarmış karides 87
acılı karides 88
Karides Doğrama Suey 89
Karides Chow Mein 90
kabak ve lychees ile karides 91
yengeç karides 93
Salatalık Karidesleri 95
körilenmiş karides 96
Karides ve mantarlı köri 97

kızarmış karides 98
Kızarmış pane karides 99
Domates Soslu Karides Köfte 100
Yumurta Kapları ve Karidesler 102
Scampi ile Nems 103
Uzak Doğu'ya Karides 105
Karides Foo Yung 107
Karides Kızartması 108
Sosta sotelenmiş karides 110
Jambon ve tofu ile haşlanmış karides 112
deniz kulağı turşusu 113
Pişmiş bambu filizleri 114
tavuk salatalık 115
Susamlı Tavuk 116
Zencefilli liçi 117
Kırmızı pişmiş tavuk kanatları 118
Salatalık Yengeç Eti 119
Marine edilmiş mantarlar 120
Marine edilmiş Sarımsaklı Mantarlar 121
Karides ve karnabahar 122
Susam jambon çubukları 123
soğuk tofu 124
domuz pastırmalı tavuk 125
Tavuk ve muz kızartması 126
Zencefil ve Mantarlı Tavuk 127
Tavuk ve Jambon 129
Izgara tavuk ciğeri 130
Su kestanesi ile yengeç köfte 131
dim-sum 132
Jambon ve tavuk ruloları 133
Pişmiş Jambon Döndürme 135
Sahte tütsülenmiş balık 136
mantar dolması 138
İstiridye soslu mantar 139
Domuz eti ve marul ruloları 140
Domuz Köfte ve Kestane 142

domuz Mantısı *143*
Domuz eti ve dana köfte *144*
kelebek karides *145*
Çin karidesi *146*
Karides Kraker *147*
çıtır karides *148*
Zencefil soslu Gambas *149*
Karides ve erişte ruloları *150*
Karides Tost *152*
Tatlı ve Ekşi Soslu Domuz Eti ve Karides Wonton *153*
Tavuk suyu *155*
Domuz eti ve fasulye filizi çorbası *156*
Abalone ve Mantar Çorbası *157*
Tavuk ve kuşkonmaz çorbası *159*
sığır çorbası *160*
Çin sığır eti ve yaprak çorbası *161*
Lahana çorbası *162*
baharatlı dana çorbası *163*
göksel çorba *165*
Tavuk ve bambu filizi çorbası *166*
tavuk ve mısır çorbası *167*
tavuk ve zencefil çorbası *168*
Çin Mantarlı Tavuk Çorbası *169*
Tavuk ve pirinç çorbası *170*
Tavuk ve Hindistan Cevizi Çorbası *171*
İstiridye çorbası *172*
yumurta çorbası *173*
Yengeç ve tarak çorbası *174*
yengeç çorbası *176*
Balık çorbası *177*
Balık ve marul çorbası *178*
Köfte ile zencefil çorbası *180*
sıcak ve ekşi çorba *181*
Mantar çorbası *182*
Mantar ve lahana çorbası *183*
Mantarlı yumurta çorbası *184*

Mantar ve kestane çorbası 185
Domuz eti ve mantar çorbası 186
Domuz eti ve su teresi çorbası 187
Domuz eti ve salatalık çorbası 188
Domuz Topu ve Erişte Çorbası 189
Ispanak ve tofu çorbası 190
Tatlı mısır ve yengeç çorbası 191
Sichuan çorbası 192
tofu çorbası 194
Tofu ve balık çorbası 195
domates çorbası 196
domates ve ıspanak çorbası 197
şalgam çorbası 198
Sebze çorbası 199
vejetaryen çorbası 200
Su teresi çorbası 201
Sebzeli Kızarmış Balık 202
Fırında bütün balık 204
Kızarmış soya balığı 205
İstiridye soslu soya balığı 206
buhar altında 208
Mantarlı kızarmış balık 209
Tatlı ve ekşi balık 211

acı tatlı sazan

4 kişilik

1 büyük sazan veya benzeri balık

300 gr / 11 oz / ¬œ su bardağı mısır unu (mısır nişastası)

250 ml / 8 fl oz / 1 su bardağı bitkisel yağ

30ml / 2 yemek kaşığı soya sosu

5ml / 1 çay kaşığı tuz

150 gr / 5 oz / ¬Ω tepeleme kap şeker

75ml / 5 yemek kaşığı şarap sirkesi

15 ml / 1 yemek kaşığı pirinç şarabı veya sek şeri

3 taze soğan (taze soğan), ince doğranmış

1 dilim zencefil kökü, ince kıyılmış

250 ml / 8 fl oz / 1 su bardağı kaynar su

Balığı temizleyip ölçeklendirin ve birkaç saat soğuk suda bekletin. Süzün ve kurulayın, ardından her bir tarafı birkaç kez puanlayın. 30ml / 2 yemek kaşığı mısır unu ayırın, ardından yeterince suyu yavaş yavaş kalan mısır unuyla karıştırarak sert bir hamur yapın. Balıkları hamurla kaplayın. Yağı çok kızana kadar ısıtın ve balığın dışı çıtır çıtır olana kadar kızartın, ardından ısıyı düşürün ve balık çıtır çıtır olana kadar kızartmaya devam edin. Bu sırada kalan mısır unu, soya sosu, tuz, şeker, şarap sirkesini karıştırın, şarap veya şeri, taze soğan ve zencefil. Balıklar pişince ılık servis tabağına alın. Sos karışımını ve suyu yağa ekleyin ve sos kalınlaşana kadar iyice karıştırarak kaynatın. Balığın üzerine dökün ve hemen servis yapın.

Tofu ile Sazan

4 kişilik

1 çadır

60ml / 4 yemek kaşığı fıstık yağı

225 gr / 8 ons tofu küpler halinde kesilmiş

2 taze soğan (taze soğan), ince doğranmış

1 diş ince kıyılmış sarımsak

2 dilim kök zencefil, ince kıyılmış

15ml / 1 yemek kaşığı biber sosu

30ml / 2 yemek kaşığı soya sosu

500 ml / 16 fl oz / 2 su bardağı et suyu

30ml / 2 yemek kaşığı pirinç şarabı veya sek şeri

15 ml / 1 yemek kaşığı mısır unu (mısır)

30ml / 2 yemek kaşığı su

Balığı kesin, ölçeklendirin ve temizleyin ve her iki tarafta 3 çapraz çizgi işaretleyin. Yağı ısıtın ve tofuyu altın rengi kahverengi olana kadar hafifçe kızartın. Tavadan çıkarın ve iyice süzün. Balıkları tavaya ekleyin ve kızarana kadar kızartın, ardından tavadan çıkarın. 15ml / 1 yemek kaşığı yağ dışında hepsini dökün, ardından taze soğan, sarımsak ve zencefili 30 saniye soteleyin. Biber sosu, soya sosu, et suyu ve şarabı ekleyin ve kaynatın. Balıkları dikkatlice tavaya ekleyin.

tofu ve pişirin, üstü açık, balık tamamen pişene ve sos azalana kadar yaklaşık 10 dakika. Balığı ılık servis tabağına alın ve üzerine tofuyu dökün. Bir macun yapmak için mısır unu ve suyu birleştirin, sosla karıştırın ve sos hafifçe koyulaşana kadar karıştırarak pişirin. Balığın üzerine dökün ve hemen servis yapın.

Bademli balık ruloları

4 kişilik

100 gr / 4 ons / 1 su bardağı badem
450 gr morina filetosu
4 dilim füme jambon
1 taze soğan (taze soğan), doğranmış
1 dilim zencefil kökü, doğranmış
5ml / 1 tatlı kaşığı mısır unu (mısır nişastası)
5ml / 1 çay kaşığı şeker
2.5ml/¬Ω çay kaşığı tuz
15ml / 1 yemek kaşığı soya sosu
15 ml / 1 yemek kaşığı pirinç şarabı veya sek şeri
1 yumurta, hafifçe çırpılmış
kızartma yağı
1 limon dilimler halinde kesilmiş

Bademleri kaynar suda 5 dakika haşlayın, süzün ve doğrayın. Balığı 9 cm / 3 Ω kareler halinde ve jambonu 5 cm / 2 kareler halinde kesin. Taze soğan, zencefil, mısır nişastası, şeker, tuz, soya sosu, şarap veya şeri ve yumurtayı karıştırın. Balığı karışıma batırın ve ardından bir çalışma yüzeyine yerleştirin.

Bademlerle süsleyin ve üstüne bir dilim jambon koyun. Balığı yuvarlayın ve bağlayın

pişirme ,Yağı ısıtın ve balık rulolarını birkaç dakika kızarana kadar soteleyin. Kağıt havlu üzerine alıp limonla servis edin.

Bambu filizli morina balığı

4 kişilik

4 adet kuru Çin mantarı

900 g / 2 lb morina filetosu, küp doğranmış

30 ml / 2 yemek kaşığı mısır unu (mısır)

kızartma yağı

30ml / 2 yemek kaşığı fıstık yağı

1 taze soğan (yeşil soğan), dilimlenmiş

1 dilim zencefil kökü, doğranmış

Tuz

100 gr bambu filizi, dilimlenmiş

120 ml / 4 fl oz / ¬Ω fincan balık suyu

15ml / 1 yemek kaşığı soya sosu

45ml / 3 yemek kaşığı su

Mantarları ılık suda 30 dakika bekletin, sonra süzün. Sapları atın ve üstleri kesin. Balığın yarısını serpin

Mısır unu. Yağı ısıtın ve balıkları kızarana kadar kızartın. Emici kağıt üzerine boşaltın ve sıcak tutun.

Bu arada yağı ısıtın ve taze soğanı, zencefili ve tuzu hafifçe kızarana kadar soteleyin. Bambu filizlerini ekleyin ve 3 dakika soteleyin. Et suyu ve soya sosu ekleyin, kaynatın ve 3 dakika pişirin. Kalan mısır ununu su ile macun kıvamına getirin, tencereye ilave edin ve sos koyulaşana kadar karıştırarak pişirin. Balığın üzerine dökün ve hemen servis yapın.

Fasulye filizi ile balık

4 kişilik

450 gr / 1 lb fasulye filizi

45ml / 3 yemek kaşığı yer fıstığı (yer fıstığı) yağı

5ml / 1 çay kaşığı tuz

3 dilim kök zencefil, doğranmış

450 gr / 1 lb balık filetosu, dilimlenmiş

4 taze soğan (taze soğan), dilimlenmiş

15ml / 1 yemek kaşığı soya sosu

60 ml / 4 yemek kaşığı balık suyu

10 ml / 2 çay kaşığı mısır unu (mısır)

15ml / 1 yemek kaşığı su

Fasulye filizlerini kaynar suda 4 dakika haşlayın ve iyice süzün. Yağın yarısını ısıtın ve tuzu ve zencefili 1 dakika soteleyin. Balıkları ekleyin ve hafifçe kızarana kadar soteleyin, ardından tavadan çıkarın. Kalan yağı ısıtın ve taze soğanları 1 dakika soteleyin. Soya sosu ve et suyunu ekleyin ve kaynatın. Balığı tavaya geri koyun, üzerini kapatın ve balık tamamen pişene kadar 2 dakika pişirin. Mısır unu ve suyu bir macun haline getirin, tencereye karıştırın ve sos berraklaşana ve kalınlaşana kadar karıştırarak pişirin.

Kahverengi soslu balık filetosu

4 kişilik

450 gr morina filetosu, kalın dilimlenmiş
30ml / 2 yemek kaşığı pirinç şarabı veya sek şeri
30ml / 2 yemek kaşığı soya sosu
3 taze soğan (taze soğan), ince doğranmış
1 dilim zencefil kökü, ince kıyılmış
5ml / 1 çay kaşığı tuz
5ml / 1 çay kaşığı susam yağı
30 ml / 2 yemek kaşığı mısır unu (mısır)
3 çırpılmış yumurta
90 ml / 6 yemek kaşığı yer fıstığı (yer fıstığı) yağı
90 ml / 6 yemek kaşığı balık suyu

Balık filetolarını bir kaseye koyun. Şarap veya şeri, soya sosu, taze soğan, zencefil, tuz ve susam yağını karıştırın, balığın üzerine dökün, üzerini kapatın ve 30 dakika marine etmeye bırakın. Balıkları marineden çıkarın ve mısır ununu ekleyin, ardından çırpılmış yumurtaya batırın. Yağı ısıtın ve balığın dışı altın rengi olana kadar kızartın. Yağı dökün ve suyu ve kalan turşuyu ekleyin. Kaynatın ve balık tamamen pişene kadar yaklaşık 5 dakika pişirin.

Çin balık köftesi

4 kişilik

450 gr / 1 lb kıyılmış morina balığı (öğütülmüş)
2 taze soğan (taze soğan), ince doğranmış
1 diş ezilmiş sarımsak
5ml / 1 çay kaşığı tuz
5ml / 1 çay kaşığı şeker
5ml / 1 çay kaşığı soya sosu
45ml / 3 yemek kaşığı bitkisel yağ
15 ml / 1 yemek kaşığı mısır unu (mısır)

Morina, taze soğan, sarımsak, tuz, şeker, soya sosu ve 10 ml / 2 çay kaşığı yağı karıştırın. Karışım pürüzsüz ve elastik hale gelene kadar ara sıra biraz mısır unu serperek iyice yoğurun. 4 balık köftesi oluşturun. Yağı ısıtın ve balık köftelerini kızarana kadar yaklaşık 10 dakika kızartın ve pişerken düzleştirin. Sıcak veya soğuk servis yapın.

çıtır kızarmış balık

4 kişilik

450 gr / 1 pound balık filetosu, şeritler halinde kesilmiş
30ml / 2 yemek kaşığı pirinç şarabı veya sek şeri
tuz ve taze çekilmiş karabiber
45 ml / 3 yemek kaşığı mısır unu (mısır)
1 yumurta akı, hafifçe çırpılmış
kızartma yağı

Balığı şarap veya şeri ile karıştırın ve tuz ve karabiber ekleyin. Hafifçe mısır unu serpin. Kalan mısır unu ile yumurta beyazını sertleşene kadar çırpın, ardından balıkları hamura batırın. Yağı ısıtın ve balık şeritlerini kızarana kadar birkaç dakika kızartın.

kızarmış morina

4 kişilik

900 g / 2 lb morina filetosu, küp doğranmış
tuz ve taze çekilmiş karabiber
2 çırpılmış yumurta
100 gr / 4 ons / 1 su bardağı çok amaçlı un
kızartma yağı
1 limon dilimler halinde kesilmiş

Morina balığını tuz ve karabiberle tatlandırın. Yumurtaları ve unu bir hamur oluşturmak için çırpın ve tuz ekleyin. Balıkları hamura batırın. Yağı ısıtın ve balıkları altın rengi kahverengi olana ve tamamen pişene kadar birkaç dakika kızartın. Kağıt havlu üzerine alın ve limon dilimleri ile servis yapın.

beş baharatlı balık

4 kişilik

4 morina filetosu
5ml / 1 çay kaşığı beş baharat tozu
5ml / 1 çay kaşığı tuz
30ml / 2 yemek kaşığı fıstık yağı
2 diş sarımsak, kıyılmış
2,5 ml / 1 zencefil kökü, kıyılmış
30ml / 2 yemek kaşığı pirinç şarabı veya sek şeri
15ml / 1 yemek kaşığı soya sosu
birkaç damla susam yağı

Balığı beş baharat tozu ve tuzla ovun. Yağı ısıtın ve balıkları her iki tarafta hafifçe kızarana kadar kızartın. Tavadan çıkarın ve kalan malzemeleri ekleyin. Karıştırarak ısıtın, ardından balığı tavaya geri koyun ve servis yapmadan önce hafifçe tekrar ısıtın.

Kokulu balık çubukları

4 kişilik

30ml / 2 yemek kaşığı pirinç şarabı veya sek şeri

1 taze soğan (taze soğan), ince kıyılmış

2 çırpılmış yumurta

10ml / 2 çay kaşığı köri tozu

5ml / 1 çay kaşığı tuz

450 gr beyaz balık filetosu, şeritler halinde kesilmiş

100g / 4oz galeta unu

kızartma yağı

Şarap veya şeri, taze soğan, yumurta, köri tozu ve tuzu karıştırın. Balıkları karışıma batırın, böylece parçalar eşit şekilde kaplanır, ardından galeta ununa bastırın. Yağı ısıtın ve balıkları çıtır çıtır ve altın rengi olana kadar birkaç dakika kızartın. İyice süzün ve hemen servis yapın.

Turşu ile balık

4 kişilik

4 beyaz balık filetosu
75 gr / 3 ons küçük turşu
2 taze soğan (taze soğan)
2 dilim zencefil kökü
30ml / 2 yemek kaşığı su
5ml / 1 çay kaşığı fıstık yağı
2.5ml/¬Ω çay kaşığı tuz
2,5 ml/¬Ω çay kaşığı pirinç şarabı veya kuru şeri

Balıkları bir fırın tepsisine koyun ve kalan malzemeleri serpin. Bir buharlayıcıda bir rafa yerleştirin, üzerini örtün ve balık yumuşayana kadar yaklaşık 15 dakika kaynar su üzerinde buharlayın. Sıcak bir servis tabağına aktarın, zencefil ve taze soğanları atın ve servis yapın.

zencefilli morina

4 kişilik

225 gr / 8 oz domates püresi (salça)

30ml / 2 yemek kaşığı pirinç şarabı veya sek şeri

15 ml / 1 yemek kaşığı rendelenmiş zencefil kökü

15ml / 1 yemek kaşığı biber sosu

15ml / 1 yemek kaşığı su

15ml / 1 yemek kaşığı soya sosu

10ml / 2 çay kaşığı şeker

3 diş sarımsak, kıyılmış

100 gr / 4 ons / 1 su bardağı çok amaçlı un

75ml / 5 yemek kaşığı mısır unu (mısır nişastası)

175 ml / 6 fl oz / ¬œ su bardağı su

1 yumurta akı

2.5ml/¬Ω çay kaşığı tuz

kızartma yağı

450 gr morina filetosu, derisiz ve doğranmış

Sosu yapmak için domates püresi, şarap veya şeri, zencefil, kırmızı biber sosu, su, soya sosu, şeker ve sarımsağı birleştirin. Kaynatın ve karıştırarak 4 dakika pişirin.

Un, mısır nişastası, su, yumurta akı ve tuzu pürüzsüz olana kadar çırpın. Yağı ısıt. Balık parçalarını hamura batırın ve tamamen pişene ve altın rengi kahverengi olana kadar yaklaşık 5 dakika kızartın. Kağıt havluların üzerine boşaltın. Tüm yağı boşaltın ve balığı ve sosu tavaya geri koyun. Balık tamamen sosla kaplanana kadar yaklaşık 3 dakika hafifçe tekrar ısıtın.

Mandalina soslu morina

4 kişilik

675 g / 1 Ω lb morina filetosu, şeritler halinde kesilmiş

30 ml / 2 yemek kaşığı mısır unu (mısır)

60ml / 4 yemek kaşığı fıstık yağı

1 taze soğan (taze soğan), doğranmış

2 diş sarımsak, kıyılmış

1 dilim zencefil kökü, doğranmış

100 gr / 4 ons mantar, dilimlenmiş

50 gr bambu filizi, şeritler halinde kesilmiş

120 ml / 4 fl oz / ¬Ω fincan soya sosu

30ml / 2 yemek kaşığı pirinç şarabı veya sek şeri

15 ml / 1 yemek kaşığı esmer şeker

5ml / 1 çay kaşığı tuz

250 ml / 8 fl oz / 1 su bardağı tavuk suyu

Balıkları hafifçe kaplanana kadar mısır ununa batırın. Yağı ısıtın ve balıkları her iki tarafta altın rengi kahverengi olana kadar kızartın. Tavadan çıkarın. Taze soğan, sarımsak ve zencefili ekleyin ve hafifçe kızarana kadar soteleyin. Mantar ve bambu filizlerini ekleyip 2 dakika soteleyin. Malzemelerin geri kalanını ekleyin ve getirin karıştırarak kaynatın, balığı tavaya geri koyun, üzerini kapatın ve 20 dakika pişirin.

ananas balığı

4 kişilik

450 gr / 1 pound balık filetosu

2 taze soğan (taze soğan), kıyılmış

30ml / 2 yemek kaşığı soya sosu

15 ml / 1 yemek kaşığı pirinç şarabı veya sek şeri

2.5ml/¬Ω çay kaşığı tuz

2 yumurta, hafifçe çırpılmış

15 ml / 1 yemek kaşığı mısır unu (mısır)

45ml / 3 yemek kaşığı yer fıstığı (yer fıstığı) yağı

225 g / 8 ons meyve suyunda konserve ananas parçaları

Balıkları liflerine karşı 2,5 cm/1 şeritler halinde kesin ve bir kaba koyun. Taze soğan, soya sosu, şarap veya şeri ve tuz ekleyin, iyice karıştırın ve 30 dakika bekletin. Balıkları boşaltın, turşuyu atın. Yumurtaları ve mısır ununu bir hamur haline getirin ve balıkları kaplamak için hamura daldırın ve fazlasını boşaltın. Yağı ısıtın ve balıkları her iki tarafta hafifçe kızarana kadar kızartın. Isıyı azaltın ve yumuşayana kadar pişirmeye devam edin. Bu sırada 60ml / 4 yemek kaşığı ananas suyunu kalan macun ve ananas parçalarıyla karıştırın. Düşük ısıda tavaya koyun ve sürekli karıştırarak kızarana kadar pişirin. organize et

Balıkları sıcak servis tabağında pişirin ve üzerine sosu gezdirerek servis yapın.

Domuz eti ile balık ruloları

4 kişilik

450 gr / 1 pound balık filetosu

100 gr pişmiş domuz eti, kıyılmış (doğranmış)

30ml / 2 yemek kaşığı pirinç şarabı veya sek şeri

15ml / 1 yemek kaşığı şeker

kızartma yağı

120 ml / 4 fl oz / ¬Ω fincan balık suyu

3 taze soğan (taze soğan), kıyılmış

1 dilim zencefil kökü, doğranmış

15ml / 1 yemek kaşığı soya sosu

15 ml / 1 yemek kaşığı mısır unu (mısır)

45ml / 3 yemek kaşığı su

Balıkları 9 cm / 3 Ω kareler halinde kesin. Domuz etini şarap veya şeri ve şekerin yarısı ile karıştırın, balık raflarının üzerine yayın, rulo yapın ve sicim ile sabitleyin. Yağı ısıtın ve balıkları kızarana kadar kızartın. Kağıt havluların üzerine boşaltın. Bu arada suyu ısıtın ve taze soğan, zencefil, soya sosu ve şekerin geri kalanını ekleyin. Bir kaynamaya getirin ve 4 dakika pişirin. Mısır unu ve suyu macun haline getirin, tavada karıştırın ve kısık ateşte pişirin.

karıştırarak, sos berraklaşana ve koyulaşana kadar. Balığın üzerine dökün ve hemen servis yapın.

Pirinç şarabında balık

4 kişilik

400 ml / 14 fl oz / 1œ su bardağı pirinç şarabı veya sek şeri

120 ml / 4 fl oz / ¬Ω su bardağı

30ml / 2 yemek kaşığı soya sosu

5ml / 1 çay kaşığı şeker

tuz ve taze çekilmiş karabiber

10 ml / 2 çay kaşığı mısır unu (mısır)

15ml / 1 yemek kaşığı su

450 gr morina filetosu

5ml / 1 çay kaşığı susam yağı

2 taze soğan (taze soğan), kıyılmış

Şarap, su, soya sosu, şeker, tuz ve karabiberi kaynatın ve yarı yarıya azalana kadar kaynatın. Mısır unu ile suyu macun kıvamına gelene kadar karıştırıp tencereye alın ve kısık ateşte 2 dakika karıştırarak pişirin. Balıkları tuzlayın ve susam yağı serpin. Tavaya ekleyin ve pişene kadar yaklaşık 8 dakika pişirin. Frenk soğanı serperek servis yapın.

Kızarmış balık

4 kişilik

450 gr morina filetosu, şeritler halinde kesilmiş

Tuz

soya sosu

kızartma yağı

Balığa tuz ve soya sosu serpin ve 10 dakika bekletin. Yağı ısıtın ve balıkları hafifçe kızarana kadar birkaç dakika kızartın. Kağıt havlu üzerine alın ve servis yapmadan önce bol miktarda soya sosu serpin.

susamlı balık

4 kişilik

450 gr / 1 pound balık filetosu, şeritler halinde kesilmiş
1 doğranmış soğan
2 dilim kök zencefil, doğranmış
120 ml / 4 fl oz / ¬Ω fincan pirinç şarabı veya sek şeri
10 ml / 2 çay kaşığı esmer şeker
2.5ml/¬Ω çay kaşığı tuz
1 yumurta, hafifçe çırpılmış
15 ml / 1 yemek kaşığı mısır unu (mısır)
45 ml / 3 yemek kaşığı normal un (çok amaçlı)
60ml / 6 yemek kaşığı susam
kızartma yağı

Balıkları bir kaseye koyun. Soğan, zencefil, şarap veya şeri, şeker ve tuzu birleştirin, balığa ekleyin ve ara sıra çevirerek 30 dakika marine edin. Bir hamur oluşturmak için yumurta, mısır nişastası ve unu çırpın. Balıkları hamura batırın, ardından susam tohumlarını sıkın. Yağı ısıtın ve balık şeritlerini kızarana ve çıtır çıtır olana kadar yaklaşık 1 dakika kızartın.

buğulanmış balık topları

4 kişilik

450 gr / 1 lb kıyılmış morina balığı (öğütülmüş)
1 yumurta, hafifçe çırpılmış
1 dilim zencefil kökü, doğranmış
2.5ml/¬Ω çay kaşığı tuz
bir tutam taze çekilmiş biber
15 ml / 1 yemek kaşığı mısır unu (mısır) 15 ml / 1 yemek kaşığı
pirinç şarabı veya sek şeri

Tüm malzemeleri güzelce karıştırıp ceviz büyüklüğünde toplar yapın. Gerekirse biraz un serpin. Sığ bir refrakter kaynağına yerleştirin.

Çanağı bir buharlı pişiricideki rafa yerleştirin, üzerini kapatın ve tamamen pişene kadar yaklaşık 10 dakika kaynayan su üzerinde buharlayın.

Tatlı ve ekşi marine edilmiş balık

4 kişilik

450 gr / 1 pound balık filetosu, parçalar halinde kesilmiş
1 doğranmış soğan
3 dilim kök zencefil, doğranmış
5ml / 1 çay kaşığı soya sosu
tuz ve taze çekilmiş karabiber
30 ml / 2 yemek kaşığı mısır unu (mısır)
kızartma yağı
Tatlı ve ekşi sos

Balıkları bir kaseye koyun. Soğan, zencefil, soya sosu, tuz ve karabiberi karıştırın, balığa ekleyin, üzerini kapatın ve ara sıra çevirerek 1 saat bekletin. Balıkları marineden çıkarın ve mısır unu serpin. Yağı ısıtın ve balıkları gevrek ve altın rengi olana kadar kızartın. Kağıt havlu üzerine alıp sıcak servis tabağına alın. Bu sırada sosu hazırlayıp balıkların üzerine gezdirerek servis edin.

Vinaigrette soslu balık

4 kişilik

450 gr / 1 pound balık filetosu, şeritler halinde kesilmiş
tuz ve taze çekilmiş karabiber
1 yumurta akı, hafifçe çırpılmış
45 ml / 3 yemek kaşığı mısır unu (mısır)
15 ml / 1 yemek kaşığı pirinç şarabı veya sek şeri
kızartma yağı
250 ml / 8 fl oz / 1 su bardağı balık suyu
15 ml / 1 yemek kaşığı esmer şeker
15 ml / 1 yemek kaşığı şarap sirkesi
2 dilim kök zencefil, doğranmış
2 taze soğan (taze soğan), kıyılmış

Balıkları biraz tuz ve karabiberle tatlandırın. Yumurta beyazını 30ml / 2 yemek kaşığı mısır nişastası ve şarap veya şeri ile çırpın. Balıkları kaplanana kadar hamura atın. Yağı ısıtın ve balıkları kızarana kadar birkaç dakika kızartın. Kağıt havluların üzerine boşaltın.

Bu sırada et suyu, şeker ve şarap sirkesini kaynatın. Zencefil ve frenk soğanı ekleyin ve 3 dakika pişirin. Kalan mısır ununu biraz su ile macun kıvamına gelene kadar karıştırın,

bir tavada ve sos berraklaşana ve koyulaşana kadar karıştırarak pişirin. Servis yapmak için balığın üzerine dökün.

kızarmış yılan balığı

4 kişilik

450 gr / 1 pound yılan balığı

250 ml / 8 fl oz / 1 su bardağı yer fıstığı yağı (yer fıstığı)

30ml / 2 yemek kaşığı koyu soya sosu

30ml / 2 yemek kaşığı pirinç şarabı veya sek şeri

15 ml / 1 yemek kaşığı esmer şeker

bir tutam susam yağı

Yılanı soyun ve parçalara ayırın. Yağı ısıtın ve yılan balığını kızarana kadar kızartın. Tavadan çıkarın ve süzün. 30 ml / 2 yemek kaşığı yağ hariç her şeyi dökün. Yağı ısıtın ve soya sosu, şarap veya şeri ve şekeri ekleyin. Isıtın, ardından yılan balığı ekleyin ve yılan balığı iyice kaplanana ve sıvının çoğu buharlaşana kadar soteleyin. Susam yağı gezdirip servis yapın.

kuru pişmiş yılan balığı

4 kişilik

5 adet kuru Çin mantarı

3 adet taze soğan (taze soğan)

30ml / 2 yemek kaşığı fıstık yağı

20 diş sarımsak

6 dilim zencefil kökü

10 su kestanesi

900g / 2lb yılan balığı

30ml / 2 yemek kaşığı soya sosu

15 ml / 1 yemek kaşığı esmer şeker

15 ml / 1 yemek kaşığı pirinç şarabı veya sek şeri

450 ml / ¬æpt / 2 su bardağı su

15 ml / 1 yemek kaşığı mısır unu (mısır)

45ml / 3 yemek kaşığı su

5ml / 1 çay kaşığı susam yağı

Mantarları 30 dakika ılık suda bekletin, sonra süzün ve saplarını atın. 1 taze soğanı yemeklik doğrayıp diğerini yemeklik doğrayın. Yağı ısıtın ve mantarları, taze soğan parçalarını, sarımsakları, zencefili ve kestaneleri 30 saniye soteleyin.

Yılanları ekleyin ve 1 dakika soteleyin. Soya sosu, şeker, şarap veya

Şeri ve suyu kaynatın, üzerini kapatın ve gerekirse pişirme sırasında biraz su ekleyerek 1 Ω saat pişirin. Mısır unu ve suyu bir macun haline getirin, tencereye karıştırın ve sos kalınlaşana kadar karıştırarak pişirin. Üzerine susam yağı ve doğranmış taze soğan gezdirerek servis yapın.

Kerevizli yılan balığı

4 kişilik

350 gr / 12 ons yılan balığı

6 sap kereviz

30ml / 2 yemek kaşığı fıstık yağı

2 taze soğan (taze soğan), kıyılmış

1 dilim zencefil kökü, doğranmış

30ml / 2 yemek kaşığı su

5ml / 1 çay kaşığı şeker

5ml / 1 çay kaşığı pirinç şarabı veya sek şeri

5ml / 1 çay kaşığı soya sosu

taze kara biber

30ml / 2 yemek kaşığı kıyılmış taze maydanoz

Yılanı soyun ve şeritler halinde kesin. Kerevizi şeritler halinde kesin. Yağı ısıtın ve taze soğanları ve zencefili 30 saniye soteleyin. Yılanı ekleyin ve 30 saniye soteleyin. Kerevizi ekleyin ve 30 saniye soteleyin. Yarım su, şeker, şarap veya şeri, soya sosu ve biber ekleyin. Kaynatın ve kereviz yumuşayana ancak yine de gevrek olana ve sıvı azalana kadar birkaç dakika pişirin. Maydanoz serperek servis yapın.

Mezgit Dolması Biber

4 kişilik

225 gr / 8 ons mezgit filetosu, doğranmış (öğütülmüş)

100 gr soyulmuş karides, doğranmış (öğütülmüş)

1 taze soğan (taze soğan), doğranmış

2.5ml/¬Ω çay kaşığı tuz

Biber

4 yeşil biber

45ml / 3 yemek kaşığı yer fıstığı (yer fıstığı) yağı

120 ml / 4 fl oz / ¬Ω fincan tavuk suyu

10 ml / 2 çay kaşığı mısır unu (mısır)

5ml / 1 çay kaşığı soya sosu

Mezgit balığı, karides, taze soğan, tuz ve karabiberi karıştırın. Biberlerin sap kısımlarını kesip içini oyuyoruz. Biberleri deniz ürünleri karışımı ile doldurun, yağı ısıtın ve biberleri ve et suyunu ekleyin. Kaynatın, örtün ve 15 dakika pişirin. Biberleri sıcak servis tabağına alın. Mısır unu, soya sosu ve biraz suyu birleştirin ve tavada karıştırın. Bir kaynamaya getirin ve sos berraklaşana ve koyulaşana kadar karıştırarak pişirin.

Siyah fasulye soslu mezgit balığı

4 kişilik

15ml / 1 yemek kaşığı fıstık yağı
2 diş sarımsak, kıyılmış
1 dilim zencefil kökü, doğranmış
15 ml / 1 yemek kaşığı siyah fasulye sosu
2 soğan, dörde bölünmüş
1 sap kereviz, dilimlenmiş
450 gr / 1 pound mezgit filetosu
15ml / 1 yemek kaşığı soya sosu
15 ml / 1 yemek kaşığı pirinç şarabı veya sek şeri
250 ml / 8 fl oz / 1 su bardağı tavuk suyu

Yağı ısıtın ve sarımsak, zencefil ve siyah fasulye sosunu hafifçe kızarana kadar soteleyin. Soğanları ve kerevizi ekleyip 2 dakika soteleyin. Mezgit balığı ekleyin ve her iki tarafını yaklaşık 4 dakika veya balık tamamen pişene kadar pişirin. Soya sosu, şarap veya şeri ve tavuk suyu ekleyin, kaynatın, üzerini kapatın ve 3 dakika pişirin.

Kahverengi Soslu Balık

4 kişilik

4 mezgit veya benzeri balık
45ml / 3 yemek kaşığı yer fıstığı (yer fıstığı) yağı
2 taze soğan (taze soğan), kıyılmış
2 dilim kök zencefil, doğranmış
5ml / 1 çay kaşığı soya sosu
2,5 ml / ¬Ω çay kaşığı şarap sirkesi
2,5 ml/¬Ω çay kaşığı pirinç şarabı veya kuru şeri
2.5ml/¬Ω çay kaşığı şeker
taze kara biber
2,5 ml / ¬Ω çay kaşığı susam yağı

Balıkları soyun ve büyük parçalar halinde kesin. Yağı ısıtın ve taze soğanları ve zencefili 30 saniye soteleyin. Balıkları ekleyin ve her iki tarafta hafifçe kızarana kadar kızartın. Soya sosu, şarap, şarap veya şeri sirkesi, şeker ve karabiberi ekleyin ve sos koyulaşana kadar 5 dakika pişirin. Üzerine susam yağı gezdirerek servis yapın.

beş baharatlı balık

4 kişilik

450 gr / 1 pound mezgit filetosu
5ml / 1 çay kaşığı beş baharat tozu
5ml / 1 çay kaşığı tuz
30ml / 2 yemek kaşığı fıstık yağı
2 diş sarımsak, kıyılmış
2 dilim kök zencefil, doğranmış
30ml / 2 yemek kaşığı pirinç şarabı veya sek şeri
15ml / 1 yemek kaşığı soya sosu
10ml / 2 çay kaşığı susam yağı

Mezgit filetolarını beş baharat tozu ve tuzla ovun. Yağı ısıtın ve balıkları her iki tarafta hafifçe kızarana kadar kızartın, ardından tavadan çıkarın. Sarımsak, zencefil, şarap veya şeri, soya sosu ve susam yağını ekleyin ve 1 dakika soteleyin. Balığı tavaya geri koyun ve yumuşayana kadar pişirin.

Sarımsaklı mezgit balığı

4 kişilik

450 gr / 1 pound mezgit filetosu

5ml / 1 çay kaşığı tuz

30 ml / 2 yemek kaşığı mısır unu (mısır)

60ml / 4 yemek kaşığı fıstık yağı

6 diş sarımsak

2 dilim kök zencefil, doğranmış

45ml / 3 yemek kaşığı su

30ml / 2 yemek kaşığı soya sosu

15 ml / 1 yemek kaşığı sarı fasulye sosu

15 ml / 1 yemek kaşığı pirinç şarabı veya sek şeri

15 ml / 1 yemek kaşığı esmer şeker

Mezgit balığını tuz serpin ve mısır unu serpin. Yağı ısıtın ve balığın her iki tarafı da altın rengi olana kadar kızartın, ardından tavadan çıkarın. Sarımsak ve zencefili ekleyip 1 dakika soteleyin. Malzemelerin geri kalanını ekleyin, kaynatın, örtün ve 5 dakika pişirin. Balığı tavaya geri koyun, üzerini kapatın ve yumuşayana kadar pişirin.

baharatlı balık

4 kişilik

1 lb / 450g mezgit filetosu, doğranmış

1 limon suyu

30ml / 2 yemek kaşığı soya sosu

30ml / 2 yemek kaşığı istiridye sosu

15 ml / 1 yemek kaşığı rendelenmiş limon kabuğu rendesi

bir tutam öğütülmüş zencefil

tuz ve biber

2 yumurta akı

45 ml / 3 yemek kaşığı mısır unu (mısır)

6 adet kuru Çin mantarı

kızartma yağı

5 taze soğan (taze soğan), şeritler halinde kesilmiş

1 kereviz sapı, şeritler halinde kesilmiş

100 g / 4 ons bambu filizi, şeritler halinde kesilmiş

250 ml / 8 fl oz / 1 su bardağı tavuk suyu

5ml / 1 çay kaşığı beş baharat tozu

Balıkları bir kaseye koyun ve üzerine limon suyu serpin. Soya sosu, istiridye sosu, limon kabuğu rendesi, zencefil, tuz, karabiber, yumurta akı ve 1 çay kaşığı/5ml mısır unu hariç hepsini birleştirin. Lisans

ara sıra karıştırarak 2 saat marine edin. Mantarları ılık suda 30 dakika bekletin, sonra süzün. Sapları atın ve üstleri kesin. Yağı ısıtın ve balıkları kızarana kadar birkaç dakika kızartın. tavadan çıkarın. Sebzeleri ekleyin ve yumuşayana kadar ama yine de gevrek olana kadar kızartın. Yağı dökün. Tavuk suyunu kalan mısır unu ile karıştırın, sebzelere ekleyin ve kaynatın. Balığı tekrar tavaya alın, beş baharat tozu ekleyin ve servis yapmadan önce iyice ısıtın.

Pak Soi ile Zencefil Mezgit Balığı

4 kişilik

450 gr / 1 pound mezgit filetosu

tuz ve biber

225g / 8oz paket kendi kendine

30ml / 2 yemek kaşığı fıstık yağı

1 dilim zencefil kökü, doğranmış

1 doğranmış soğan

2 adet kurutulmuş kırmızı biber

5ml / 1 tatlı kaşığı bal

10 ml / 2 çay kaşığı domates sosu (ketçap)

10ml / 2 çay kaşığı malt sirkesi

30ml / 2 yemek kaşığı sek beyaz şarap

10ml / 2 çay kaşığı soya sosu

10ml / 2 çay kaşığı balık sosu

10ml / 2 çay kaşığı istiridye sosu

5ml / 1 tatlı kaşığı karides ezmesi

Mezgit balığını soyun ve 2 cm / ¬æ parçalar halinde kesin. Tuz ve karabiber serpin. Lahanayı küçük parçalar halinde kesin. Yağı ısıtın ve zencefil ve soğanı 1 dakika soteleyin. Lahana ve biberleri ekleyip 30 saniye soteleyin. Bal, domates ekleyin domates sosu, sirke ve şarap. Mezgit balığı ekleyin ve 2 dakika pişirin. Soya, balık ve istiridye sosları ile karides ezmesini ekleyin ve mezgit balığı tamamen pişene kadar pişirin.

mezgit örgüler

4 kişilik

450 g / 1 lb derisiz mezgit balığı filetosu

Tuz

5ml / 1 çay kaşığı beş baharat tozu

2 limon suyu

5 ml / 1 çay kaşığı öğütülmüş anason

5ml / 1 çay kaşığı taze çekilmiş biber

30ml / 2 yemek kaşığı soya sosu

30ml / 2 yemek kaşığı istiridye sosu

15ml / 1 yemek kaşığı bal

60 ml / 4 yemek kaşığı kıyılmış frenk soğanı

8.10 ıspanak yaprağı

45 ml / 3 yemek kaşığı şarap sirkesi

Balıkları uzun ince şeritler halinde kesin ve örgü yapın, üzerine tuz, beş baharat tozu ve limon suyu serpin ve bir kaseye aktarın. Anason, biber, soya sosu, istiridye sosu, bal ve frenk soğanını karıştırıp balıkların üzerine dökün ve en az 30 dakika marine etmeye bırakın. Buharlama sepetini ıspanak yapraklarıyla hizalayın, örgüleri üstüne yerleştirin, örtün ve yaklaşık 25 dakika sirke ile hafifçe kaynayan su üzerinde buharlayın.

buğulanmış balık ruloları

4 kişilik

450 gr / 1 lb mezgit balığı filetosu, derisiz ve doğranmış

1 limon suyu

30ml / 2 yemek kaşığı soya sosu

30ml / 2 yemek kaşığı istiridye sosu

30ml / 2 yemek kaşığı erik sosu

5ml / 1 çay kaşığı pirinç şarabı veya sek şeri

tuz ve biber

6 adet kuru Çin mantarı

100 gr / 4 ons fasulye filizi

100 gr / 4 ons yeşil bezelye

50 gr / 2 ons / ¬Ω fincan ceviz, kıyılmış

1 çırpılmış yumurta

30 ml / 2 yemek kaşığı mısır unu (mısır)

225 gr Çin lahanası, beyazlatılmış

Balıkları bir kaseye koyun. Limon suyu, soya, istiridye ve erik soslarını, şarap veya şeri, tuz ve karabiberi birleştirin. Balığın üzerine dökün ve 30 dakika marine etmeye bırakın. Sebzeleri, kuruyemişleri, yumurtayı ve mısır nişastasını ekleyin ve iyice karıştırın. 3 yaprak Çin yufkasını üst üste koyun, biraz balık karışımından dökün.

ve yuvarlayın. Tüm malzemeler bitene kadar devam edin. Çörekleri bir buhar sepetine koyun, üzerini kapatın ve kaynayan suda 30 dakika pişirin.

Domates soslu pisi balığı

4 kişilik

450 gr pisi balığı filetosu

Tuz

15 ml / 1 yemek kaşığı siyah fasulye sosu

1 diş ezilmiş sarımsak

2 taze soğan (taze soğan), kıyılmış

2 dilim kök zencefil, doğranmış

15 ml / 1 yemek kaşığı pirinç şarabı veya sek şeri

15ml / 1 yemek kaşığı soya sosu

200 gr konserve domates, süzülmüş

30ml / 2 yemek kaşığı fıstık yağı

Halibutu cömertçe tuz serpin ve 1 saat bekletin. Tuzu durulayın ve kurulayın. Balıkları bir fırın tepsisine koyun ve üzerine siyah fasulye sosu, sarımsak, taze soğan, zencefil, şarap veya şeri, soya sosu ve domates serpin. Tepsiyi buharlı pişiricinin rafına yerleştirin, üzerini kapatın ve balık iyice pişene kadar 20 dakika kaynar su üzerinde buharlayın. Yağı neredeyse duman çıkana kadar ısıtın ve servis yapmadan önce balığın üzerine serpin.

Maymunbalığı Brokoli ile

4 kişilik

450 gr / 1 lb maymunbalığı kuyruğu, küp şeklinde doğranmış

tuz ve biber

45ml / 3 yemek kaşığı yer fıstığı (yer fıstığı) yağı

50 gr mantar, dilimlenmiş

1 küçük havuç, şeritler halinde kesilmiş

1 diş ezilmiş sarımsak

2 dilim kök zencefil, doğranmış

45ml / 3 yemek kaşığı su

275 gr / 10 ons brokoli çiçeği

5ml / 1 çay kaşığı şeker

5ml / 1 tatlı kaşığı mısır unu (mısır nişastası)

45ml / 3 yemek kaşığı su

Maymunbalığını tuz ve karabiberle iyice baharatlayın. 30ml / 2 yemek kaşığı yağı ısıtın ve maymunbalığı, mantar, havuç, sarımsak ve zencefili hafifçe kızarana kadar kızartın. Suyu ekleyin ve ağzı kapalı olarak kısık ateşte kaynamaya devam edin. Bu arada brokoliyi kaynar suda yumuşayana kadar haşlayın ve ardından iyice süzün. Kalan yağı ısıtın ve brokoliyi ve şekeri bir tutam tuzla brokoli yağda iyice kaplanana kadar soteleyin. etrafında düzenlemek

servis tabağı. Mısır unu ve suyu macun kıvamına gelene kadar karıştırın, balığa ilave edin ve sos koyulaşana kadar karıştırarak pişirin. Brokoli üzerine dökün ve hemen servis yapın.

Kalın soya soslu barbunya

4 kişilik

1 kefal
kızartma yağı
30ml / 2 yemek kaşığı fıstık yağı
2 taze soğan (taze soğan), dilimlenmiş
2 dilim kök zencefil, rendelenmiş
1 kırmızı biber, rendelenmiş
250 ml / 8 fl oz / 1 su bardağı balık suyu
15 ml / 1 yemek kaşığı kalın soya sosu
15 ml / 1 yemek kaşığı taze çekilmiş beyaz
Biber
15 ml / 1 yemek kaşığı pirinç şarabı veya sek şeri

Balıkları kesin ve her iki tarafta çapraz olarak işaretleyin. Yağı ısıtın ve balıkları yarı pişene kadar kızartın. Yağdan çıkarın ve iyice süzün. Yağı ısıtın ve taze soğan, zencefil ve kırmızı biberi 1 dakika soteleyin. Malzemelerin geri kalanını ekleyin, iyice karıştırın ve kaynatın. Balığı ekleyin ve üstü açık olarak balık tamamen pişene ve sıvı neredeyse buharlaşana kadar pişirin.

batı gölü balığı

4 kişilik

1 kefal
30ml / 2 yemek kaşığı fıstık yağı
4 taze soğan (taze soğan), rendelenmiş
1 doğranmış kırmızı biber
4 dilim kök zencefil, rendelenmiş
45 ml / 3 yemek kaşığı esmer şeker
30ml / 2 yemek kaşığı kırmızı şarap sirkesi
30ml / 2 yemek kaşığı su
30ml / 2 yemek kaşığı soya sosu
taze kara biber

Balığı temizleyip düzeltin ve her iki tarafta 2 veya 3 çapraz kesim yapın. Yağı ısıtın ve taze soğan, kırmızı biber ve zencefilin yarısını 30 saniye soteleyin. Balıkları ekleyin ve her iki tarafta hafifçe kızarana kadar kızartın. Şeker, şarap sirkesi, su, soya sosu ve karabiberi ekleyin, kaynatın, üzerini kapatın ve balık tamamen pişene ve sos azalana kadar yaklaşık 20 dakika pişirin. Kalan frenk soğanı ile süslenmiş servis yapın.

kızarmış pisi

4 kişilik

4 adet pisi filetosu
tuz ve taze çekilmiş karabiber
30ml / 2 yemek kaşığı fıstık yağı
1 dilim zencefil kökü, doğranmış
1 diş ezilmiş sarımsak
Lahana Yaprakları

Dil balığını tuz ve karabiberle cömertçe baharatlayın. Yağı ısıtın ve zencefil ve sarımsağı 20 saniye soteleyin. Balık ekleyin ve tamamen pişene ve altın rengi kahverengi olana kadar kızartın. İyice süzün ve bir marul yatağında servis yapın.

Çin Mantarlı Pişmiş Pide

4 kişilik

4 adet kuru Çin mantarı
450 gr / 1 pound pisi filetosu, kuşbaşı
1 diş ezilmiş sarımsak
1 dilim zencefil kökü, doğranmış
15ml / 1 yemek kaşığı soya sosu
15 ml / 1 yemek kaşığı pirinç şarabı veya sek şeri
5 ml / 1 çay kaşığı esmer şeker
350 g / 12 ons pişmiş uzun taneli pirinç

Mantarları ılık suda 30 dakika bekletin, sonra süzün. Sapları atın ve üstleri doğrayın. Pisi balığı, sarımsak, zencefil, soya sosu, şarap veya şeri ve şekerle karıştırın, üzerini kapatın ve 1 saat marine etmeye bırakın. Pirinci bir buharlayıcıya koyun ve üzerine balığı koyun. Balık pişene kadar yaklaşık 30 dakika buharda pişirin.

sarımsak pisi balığı

4 kişilik

350 g / 12 ons pisi filetosu

Tuz

45 ml / 3 yemek kaşığı mısır unu (mısır)

1 çırpılmış yumurta

60ml / 4 yemek kaşığı fıstık yağı

3 diş kıyılmış sarımsak

4 taze soğan (taze soğan), kıyılmış

15 ml / 1 yemek kaşığı pirinç şarabı veya sek şeri

5ml / 1 çay kaşığı susam yağı

Tavuğu soyun ve şeritler halinde kesin. Tuz serpin ve 20 dakika bekletin. Balıkları mısır unu ile serpin ve ardından yumurtaya batırın. Yağı ısıtın ve balık şeritlerini kızarana kadar yaklaşık 4 dakika kızartın. Tavadan çıkarın ve kağıt havlu üzerine boşaltın. Tavadan 5 ml/1 çay kaşığı yağ hariç hepsini dökün ve kalan malzemeleri ekleyin. Kaynatın, karıştırın, ardından 3 dakika pişirin. Balığın üzerine dökün ve hemen servis yapın.

Ananas soslu pilav

4 kişilik

450 gr / 1 pound pisi filetosu
5ml / 1 çay kaşığı tuz
30ml / 2 yemek kaşığı soya sosu
200 gr konserve ananas parçaları
2 çırpılmış yumurta
100 gr / 4 oz / ¬Ω su bardağı mısır unu (mısır)
kızartma yağı
30ml / 2 yemek kaşığı su
5ml / 1 çay kaşığı susam yağı

Tavuğu şeritler halinde kesin ve bir kaseye koyun. Üzerine tuz, soya sosu ve 30 ml / 2 yk ananas suyu serpip 10 dakika bekletin. Bir hamur oluşturmak için yumurtaları 45ml / 3 yemek kaşığı mısır unu ile çırpın ve balığı hamura batırın. Yağı ısıtın ve balıkları kızarana kadar kızartın. Pişen biberin üzerine gezdirin. Kalan ananas suyunu küçük bir tencereye koyun. 30ml / 2 yemek kaşığı mısır unu ile suyu karıştırarak tavada karıştırın. Kaynatın ve koyulaşana kadar karıştırarak pişirin. Ananas parçalarının yarısını ekleyin ve ısıtın. Servis yapmadan hemen önce susam yağı ekleyin. Pişmiş balığı sıcak bir bölüme koyun.

plaka ve ayrılmış ananas ile süsleyin. Acı sosu üzerine dökün ve hemen servis yapın.

Tofu Somonu

4 kişilik

120 ml / 4 fl oz / ¬Ω fincan yer fıstığı (yer fıstığı) yağı
450 gr / 1 pound tofu, küp şeklinde doğranmış
2,5 ml / ¬Ω çay kaşığı susam yağı
100 gr / 4 oz somon fileto, doğranmış
acı biber sosu
250 ml / 8 fl oz / 1 su bardağı balık suyu
15 ml / 1 yemek kaşığı mısır unu (mısır)
45ml / 3 yemek kaşığı su
2 taze soğan (taze soğan), kıyılmış

Yağı ısıtın ve tofuyu hafifçe kızarana kadar kızartın. tavadan çıkarın. Yağı ve susam yağını ısıtın ve somon ve kırmızı biber sosunu 1 dakika soteleyin. Et suyunu ekleyin, kaynatın ve ardından tofuyu tavaya geri koyun. Malzemeler tamamen pişene ve sıvı azalana kadar üstü açık olarak pişirin. Bir macun oluşturmak için mısır unu ve suyu karıştırın. Azar azar ekleyin ve karışım koyulaşana kadar karıştırarak kısık ateşte pişirin. Sıvının azalmasına izin verirseniz, tüm mısır unu hamuruna ihtiyacınız olmayabilir. Sıcak bir servis tabağına aktarın ve üzerine frenk soğanı serpin.

Kızarmış marine edilmiş balık

4 kişilik

450 gr hamsi veya diğer küçük balıklar, temizlenmiş
3 dilim kök zencefil, doğranmış
120 ml / 4 fl oz / ¬Ω fincan soya sosu
15 ml / 1 yemek kaşığı pirinç şarabı veya sek şeri
1 yıldız anason karanfil
kızartma yağı
15ml / 1 yemek kaşığı susam yağı

Balıkları bir kaseye koyun. Zencefil, soya sosu, şarap veya şeri ve anasonu karıştırın, balığın üzerine dökün ve ara sıra çevirerek 1 saat bekletin. Balıkları boşaltın, turşuyu atın. Yağı ısıtın ve balıkları çıtır çıtır ve altın rengi olana kadar gruplar halinde kızartın. Kağıt havlu üzerine alın ve üzerine susam yağı gezdirerek servis edin.

havuçlu alabalık

4 kişilik

15ml / 1 yemek kaşığı fıstık yağı
1 diş ezilmiş sarımsak
1 dilim zencefil kökü, doğranmış
4 alabalık
2 havuç, şeritler halinde kesilmiş
25 g / 1 ons bambu filizi, şeritler halinde kesilmiş
25 g / 1 ons su kestanesi, şeritler halinde kesilmiş
15ml / 1 yemek kaşığı soya sosu
15 ml / 1 yemek kaşığı pirinç şarabı veya sek şeri

Yağı ısıtın ve sarımsak ve zencefili hafifçe kızarana kadar soteleyin. Balığı ekleyin, üzerini kapatın ve balık opak hale gelene kadar soteleyin. Havuç, bambu filizleri, kestane, soya sosu ve şarap veya şeri ekleyin, hafifçe karıştırın, üzerini kapatın ve yaklaşık 5 dakika pişirin.

kızarmış alabalık

4 kişilik

4 alabalık temizlenmiş ve ölçeklendirilmiş
2 çırpılmış yumurta
50 g / 2 oz / ¬Ω fincan çok amaçlı un
kızartma yağı
1 limon dilimler halinde kesilmiş

Balıkları her iki taraftan çapraz olarak birkaç kez kesin. Çırpılmış yumurtaya batırın ve ardından tamamen kaplayacak şekilde un ekleyin. Fazlalıkları silkeleyin. Yağı ısıtın ve balıkları pişene kadar yaklaşık 10-15 dakika kızartın. Kağıt havlu üzerine alıp limonla servis edin.

Limon soslu alabalık

4 kişilik

450 ml / ¬œpt / 2 su bardağı tavuk suyu

Kare parçalar halinde 5 cm limon kabuğu rendesi

150 ml / ¬° pt / ¬Ω bol limon suyu

90 ml / 6 yemek kaşığı esmer şeker

2 dilim kök zencefil, şeritler halinde kesilmiş

30 ml / 2 yemek kaşığı mısır unu (mısır)

4 alabalık

375 gr / 12 ons / 3 su bardağı çok amaçlı un

175 ml / 6 fl oz / ¬œ su bardağı su

kızartma yağı

2 yumurta akı

8 taze soğan (taze soğan), ince dilimlenmiş

Sosu yapmak için suyu, limon kabuğu rendesini ve suyu ve şekeri 5 dakika çırpın. Ateşten alın, süzün ve tencereye geri koyun. Mısır ununu biraz su ile karıştırıp tavaya dökün. Sık sık karıştırarak 5 dakika kısık ateşte pişirin. Ateşten alın ve sosu sıcak tutun.

Balığın her iki tarafını da biraz unla hafifçe kaplayın. Unun geri kalanını su ve 10 ml / 2 yemek kaşığı ile çırpın. pürüzsüz olana kadar yağ. Yumurta aklarını sert fakat kurutmadan çırpın ve hamura ekleyin. Kalan yağı ısıtın. Balığı tamamen kaplayacak şekilde hamura batırın. Balığı yaklaşık 10 dakika, bir kez çevirerek, tamamen pişip kızarana kadar pişirin. Kağıt havluların üzerine boşaltın. Balıkları ısıtılmış servis tabağına dizin. Taze soğanları acı sosta karıştırın, balığın üzerine dökün ve hemen servis yapın.

çin ton balığı

4 kişilik

30ml / 2 yemek kaşığı fıstık yağı

1 doğranmış soğan

200 gr konserve ton balığı, süzülmüş ve ufalanmış

2 kereviz sapı, doğranmış

100 gr doğranmış mantar

1 doğranmış yeşil biber

250 ml / 8 fl oz / 1 su bardağı et suyu

30ml / 2 yemek kaşığı soya sosu

100 g / 4 oz ince yumurtalı erişte

Tuz

15 ml / 1 yemek kaşığı mısır unu (mısır)

45ml / 3 yemek kaşığı su

Yağı ısıtın ve soğanı yumuşayana kadar soteleyin. Ton balığı ekleyin ve yağda iyice kaplanana kadar karıştırın. Kereviz, mantar ve biberi ekleyip 2 dakika soteleyin. Et suyu ve soya sosu ekleyin, kaynatın, üzerini kapatın ve 15 dakika pişirin. Bu arada erişteleri tuzlu kaynar suda yumuşayana kadar yaklaşık 5 dakika pişirin, ardından iyice süzün ve ılık bir servise koyun.

çarşaf. Mısır unu ve suyu birleştirin, karışımı ton balığı sosuna ekleyin ve sos temizlenip kalınlaşana kadar karıştırarak pişirin.

Marine edilmiş balık filetosu

4 kişilik

4 adet mezgit veya mezgit filetosu
2 diş sarımsak, kıyılmış
2 dilim kök zencefil, doğranmış
3 taze soğan (taze soğan), kıyılmış
15 ml / 1 yemek kaşığı pirinç şarabı veya sek şeri
15 ml / 1 yemek kaşığı şarap sirkesi
tuz ve taze çekilmiş karabiber
45ml / 3 yemek kaşığı yer fıstığı (yer fıstığı) yağı

Balıkları bir kaseye koyun. Sarımsak, zencefil, taze soğan, şarap veya şeri, şarap sirkesi, tuz ve karabiberi karıştırın, balığın üzerine dökün, üzerini örtün ve birkaç saat marine etmeye bırakın. Balıkları marineden çıkarın. Yağı ısıtın ve balığın her iki tarafı da altın rengi olana kadar kızartın, ardından tavadan çıkarın. Marinayı tavaya ekleyin, kaynatın, ardından balığı tekrar tavaya alın ve tamamen pişene kadar pişirin.

bademli karides

4 kişilik

100g / 4 ons badem

225 gr / 8 ons büyük karides, kabuksuz

2 dilim kök zencefil, doğranmış

15 ml / 1 yemek kaşığı mısır unu (mısır)

2.5ml/¬Ω çay kaşığı tuz

30ml / 2 yemek kaşığı fıstık yağı

2 diş sarımsak

2 kereviz sapı, doğranmış

5ml / 1 çay kaşığı soya sosu

5ml / 1 çay kaşığı pirinç şarabı veya sek şeri

30ml / 2 yemek kaşığı su

Bademleri kuru bir tavada hafifçe kızarana kadar kızartın, sonra bir kenara koyun. Karidesleri soyun, kuyruklarını bırakın ve kuyruğa kadar uzunlamasına ikiye bölün. Zencefil, mısır nişastası ve tuzla karıştırın. Yağı ısıtın ve sarımsağı hafifçe kızarana kadar soteleyin, ardından sarımsağı atın. Kereviz, soya sosu, şarap veya şeri ve suyu tencereye ekleyin ve kaynatın. Karidesleri ekleyin ve çok sıcak olana kadar kızartın. Kızarmış badem serperek servis yapın.

anasonlu karides

4 kişilik

45ml / 3 yemek kaşığı yer fıstığı (yer fıstığı) yağı
15ml / 1 yemek kaşığı soya sosu
5ml / 1 çay kaşığı şeker
120 ml / 4 fl oz / ¬Ω fincan balık suyu
bir tutam öğütülmüş anason
450 gr soyulmuş karides

Yağı ısıtın, soya sosu, şeker, et suyu ve anasonu ekleyin ve kaynatın. Karidesleri ekleyin ve sıcak ve kokulu olana kadar birkaç dakika pişirin.

kuşkonmazlı karides

4 kişilik

450 gr / 1 lb kuşkonmaz, parçalar halinde kesilmiş
45ml / 3 yemek kaşığı yer fıstığı (yer fıstığı) yağı
2 dilim kök zencefil, doğranmış
15ml / 1 yemek kaşığı soya sosu
15 ml / 1 yemek kaşığı pirinç şarabı veya sek şeri
5ml / 1 çay kaşığı şeker
2.5ml/¬Ω çay kaşığı tuz
225 gr soyulmuş karides

Kuşkonmazı kaynar suda 2 dakika haşlayın ve iyice süzün. Yağı ısıtın ve zencefili birkaç saniye soteleyin. Kuşkonmaz ekleyin ve yağ ile iyice kaplanana kadar fırlatın. Soya sosu, şarap veya şeri, şeker ve tuz ekleyin ve ısıtın. Karidesleri ekleyin ve kuşkonmaz yumuşayana kadar kısık ateşte karıştırın.

pastırma ile karides

4 kişilik

450 g / 1 pound kabuksuz büyük karides

100 gr domuz pastırması

1 yumurta, hafifçe çırpılmış

2.5ml/¬Ω çay kaşığı tuz

15ml / 1 yemek kaşığı soya sosu

50 gr / 2 oz / ¬Ω su bardağı mısır unu (mısır)

kızartma yağı

Karideslerin kabuklarını soyun, kuyruklarını sağlam bırakın. Kuyruk boyunca ikiye bölün. Pastırmayı kareler halinde kesin. Her karidesin ortasına bir parça pastırma bastırın ve iki yarıyı birbirine bastırın. Yumurtayı tuz ve soya sosuyla çırpın. Karidesleri yumurtaya batırın ve mısır unu serpin. Yağı ısıtın ve karidesleri gevrek ve altın rengi olana kadar kızartın.

karides köfte

4 kişilik

3 adet kuru Çin mantarı
450 gr / 1 lb karides, ince kıyılmış
6 adet ince kıyılmış su kestanesi
1 taze soğan (arpacık), ince kıyılmış
1 dilim zencefil kökü, ince kıyılmış
tuz ve taze çekilmiş karabiber
2 çırpılmış yumurta
15 ml / 1 yemek kaşığı mısır unu (mısır)
50 g / 2 oz / ¬Ω fincan çok amaçlı un
kızartmak için fıstık yağı

Mantarları ılık suda 30 dakika bekletin, sonra süzün. Saplarını ayıklayıp saplarını ince ince kıyın. Karidesleri, kestaneleri, taze soğanları ve zencefili ekleyip tuz ve karabiberle tatlandırın. 1 yumurta ve 5 ml/1 çay kaşığı mısır unu ile tepeleme çay kaşığı büyüklüğünde küçük toplar oluşturun.

Kalan yumurta, mısır nişastası ve unu birlikte çırpın ve kalın, pürüzsüz bir hamur yapmak için yeterli su ekleyin. Topları yuvarlayın

Yığın. Yağı ısıtın ve hafifçe altın rengi olana kadar birkaç dakika soteleyin.

ızgara karides

4 kişilik

450 gr / 1 pound büyük kabuklu karides

100 gr domuz pastırması

225 gr / 8 ons tavuk ciğeri, dilimlenmiş

1 diş ezilmiş sarımsak

2 dilim kök zencefil, doğranmış

30ml / 2 yemek kaşığı şeker

120 ml / 4 fl oz / ¬Ω fincan soya sosu

tuz ve taze çekilmiş karabiber

Karidesleri kesmeden arka kısımlarından uzunlamasına kesin ve biraz düzleştirin. Pastırmayı parçalara ayırın ve karides ve tavuk ciğeri ile bir kaseye koyun. Malzemelerin geri kalanını karıştırın, karidesin üzerine dökün ve 30 dakika bekletin. Karides, domuz pastırması ve ciğerleri şişlere geçirin ve yaklaşık 5 dakika, sık sık çevirerek, tamamen pişene kadar, ara sıra marine ile yağlayarak kızartın.

Bambu filizli karides

4 kişilik

60ml / 4 yemek kaşığı fıstık yağı
1 diş kıyılmış sarımsak
1 dilim zencefil kökü, doğranmış
450 gr soyulmuş karides
30ml / 2 yemek kaşığı pirinç şarabı veya sek şeri
225g / 8oz bambu filizleri
30ml / 2 yemek kaşığı soya sosu
15 ml / 1 yemek kaşığı mısır unu (mısır)
45ml / 3 yemek kaşığı su

Yağı ısıtın ve sarımsak ve zencefili hafifçe kızarana kadar soteleyin. Karidesleri ekleyin ve 1 dakika soteleyin. Şarap veya şeri ekleyin ve iyice karıştırın. Bambu filizlerini ekleyin ve 5 dakika soteleyin. Kalan malzemeleri ekleyin ve 2 dakika soteleyin.

fasulye filizi ile karides

4 kişilik

4 adet kuru Çin mantarı

30ml / 2 yemek kaşığı fıstık yağı

1 diş ezilmiş sarımsak

225 gr soyulmuş karides

15 ml / 1 yemek kaşığı pirinç şarabı veya sek şeri

450 gr / 1 lb fasulye filizi

120 ml / 4 fl oz / ¬Ω fincan tavuk suyu

15ml / 1 yemek kaşığı soya sosu

15 ml / 1 yemek kaşığı mısır unu (mısır)

tuz ve taze çekilmiş karabiber

2 taze soğan (taze soğan), kıyılmış

Mantarları ılık suda 30 dakika bekletin, sonra süzün. Sapları atın ve üstleri kesin. Yağı ısıtın ve sarımsağı hafif altın rengi olana kadar soteleyin. Karidesleri ekleyin ve 1 dakika soteleyin. Şarap veya şeri ekleyin ve 1 dakika soteleyin. Mantar ve fasulye filizlerini ekleyin. Et suyu, soya sosu ve mısır unu birleştirin ve tencerede karıştırın. Bir kaynamaya getirin, ardından sos berraklaşana ve koyulaşana kadar karıştırarak pişirin. Tuz ve karabiberle tatlandırın. Frenk soğanı serperek servis yapın.

Siyah fasulye soslu Gambas

4 kişilik

30ml / 2 yemek kaşığı fıstık yağı

5ml / 1 çay kaşığı tuz

1 diş ezilmiş sarımsak

45ml / 3 yemek kaşığı siyah fasulye sosu

1 doğranmış yeşil biber

1 doğranmış soğan

120 ml / 4 fl oz / ¬Ω fincan balık suyu

5ml / 1 çay kaşığı şeker

15ml / 1 yemek kaşığı soya sosu

225 gr soyulmuş karides

15 ml / 1 yemek kaşığı mısır unu (mısır)

45ml / 3 yemek kaşığı su

Yağı ısıtın ve tuz, sarımsak ve siyah fasulye sosunu 2 dakika soteleyin. Biber ve soğanı ekleyip 2 dakika soteleyin. Et suyu, şeker ve soya sosu ekleyin ve kaynatın. Karidesleri ekleyin ve 2 dakika kısık ateşte pişirin. Mısır unu ve suyu bir macun haline getirin, tavaya ekleyin ve sos temizlenip kalınlaşana kadar karıştırarak pişirin.

Kerevizli Karides

4 kişilik

45ml / 3 yemek kaşığı yer fıstığı (yer fıstığı) yağı
3 dilim kök zencefil, doğranmış
450 gr soyulmuş karides
5ml / 1 çay kaşığı tuz
15 ml / 1 yemek kaşığı şeri
4 kereviz sapı, doğranmış
100g / 4oz kıyılmış badem

Yağın yarısını ısıtın ve zencefili hafif altın rengi olana kadar soteleyin. Karidesleri, tuzu ve şeriyi ekleyin ve yağda iyice kaplanana kadar kızartın, ardından tavadan çıkarın. Kalan yağı ısıtın ve kereviz ve bademleri kereviz yumuşayana ancak yine de çıtır çıtır olana kadar birkaç dakika soteleyin. Karidesleri tekrar tavaya alın, iyice karıştırın ve servis yapmadan önce iyice ısıtın.

tavuk ile kızarmış karides

4 kişilik

30ml / 2 yemek kaşığı fıstık yağı

2 diş sarımsak, kıyılmış

225 gr pişmiş tavuk, ince dilimlenmiş

100 gr bambu filizi, dilimlenmiş

100 gr / 4 ons mantar, dilimlenmiş

75 ml / 5 yemek kaşığı balık suyu

225 gr soyulmuş karides

225 gr / 8 ons kar bezelyesi

15 ml / 1 yemek kaşığı mısır unu (mısır)

45ml / 3 yemek kaşığı su

Yağı ısıtın ve sarımsağı hafif altın rengi olana kadar soteleyin. Tavuk, bambu filizleri ve mantarları ekleyin ve yağda iyice kaplanana kadar soteleyin. Et suyunu ekleyin ve kaynatın. Karides ve bezelye ekleyin, örtün ve 5 dakika pişirin. Mısır unu ve suyu bir macun haline getirin, tencereye karıştırın ve sos berraklaşana ve kalınlaşana kadar karıştırarak pişirin. Hemen servis yapın.

acılı karides

4 kişilik

450 gr soyulmuş karides

1 yumurta akı

10 ml / 2 çay kaşığı mısır unu (mısır)

5ml / 1 çay kaşığı tuz

60ml / 4 yemek kaşığı fıstık yağı

25 gr doğranmış kırmızı biber

1 diş ezilmiş sarımsak

5ml / 1 çay kaşığı taze çekilmiş biber

15ml / 1 yemek kaşığı soya sosu

5ml / 1 çay kaşığı pirinç şarabı veya sek şeri

2.5ml/¬Ω çay kaşığı şeker

2,5 ml / ¬Ω çay kaşığı şarap sirkesi

2,5 ml / ¬Ω çay kaşığı susam yağı

Karidesleri yumurta akı, mısır nişastası ve tuzla birlikte bir kaseye koyun ve 30 dakika marine edin. Yağı ısıtın ve biberleri, sarımsakları ve biberleri 1 dakika soteleyin. Karidesleri ve kalan malzemeleri ekleyin ve karidesler iyice ısınana ve malzemeler iyice birleşene kadar birkaç dakika soteleyin.

Karides Doğrama Suey

4 kişilik

60ml / 4 yemek kaşığı fıstık yağı

2 taze soğan (taze soğan), kıyılmış

2 diş sarımsak, kıyılmış

1 dilim zencefil kökü, doğranmış

225 gr soyulmuş karides

100 gr / 4 ons donmuş bezelye

100 gr mantar, ikiye bölünmüş

30ml / 2 yemek kaşığı soya sosu

15 ml / 1 yemek kaşığı pirinç şarabı veya sek şeri

5ml / 1 çay kaşığı şeker

5ml / 1 çay kaşığı tuz

15 ml / 1 yemek kaşığı mısır unu (mısır)

45 ml / 3 yemek kaşığı yağı ısıtın ve taze soğan, sarımsak ve zencefili hafifçe kızarana kadar soteleyin. Karidesleri ekleyin ve 1 dakika soteleyin. tavadan çıkarın. Kalan yağı ısıtın ve bezelye ve mantarları 3 dakika soteleyin. Karides, soya sosu, şarap veya şeri, şeker ve tuzu ekleyip 2 dakika soteleyin. Mısır ununu biraz suyla karıştırın, tencereye dökün ve sos berraklaşana ve koyulaşana kadar karıştırarak pişirin.

Karides Chow Mein

4 kişilik

450 gr soyulmuş karides
15 ml / 1 yemek kaşığı mısır unu (mısır)
15ml / 1 yemek kaşığı soya sosu
15 ml / 1 yemek kaşığı pirinç şarabı veya sek şeri
4 adet kuru Çin mantarı
30ml / 2 yemek kaşığı fıstık yağı
5ml / 1 çay kaşığı tuz
1 dilim zencefil kökü, doğranmış
100 gr Çin lahanası, dilimlenmiş
100 gr bambu filizi, dilimlenmiş
Kızarmış yumuşak erişte

Karidesleri mısır nişastası, soya sosu ve şarap veya şeri ile atın ve ara sıra karıştırarak bekletin. Mantarları ılık suda 30 dakika bekletin, sonra süzün. Sapları atın ve üstleri kesin. Yağı ısıtın ve tuzu ve zencefili 1 dakika soteleyin. Lahana ve bambu filizlerini ekleyin ve yağla kaplanana kadar fırlatın. Örtün ve 2 dakika kısık ateşte pişirin. Karidesleri ve marineyi ekleyin ve 3 dakika soteleyin. Süzülmüş erişteleri ekleyin ve servis yapmadan önce ısıtın.

kabak ve lychees ile karides

4 kişilik

12 karides

tuz ve biber

10ml / 2 çay kaşığı soya sosu

10 ml / 2 çay kaşığı mısır unu (mısır)

15ml / 1 yemek kaşığı fıstık yağı

4 diş sarımsak, kıyılmış

2 doğranmış kırmızı biber

225 gr kabak (kabak), doğranmış

2 taze soğan (taze soğan), kıyılmış

12 lychees, çekirdeksiz

120 ml / 4 fl oz / ¬Ω fincan hindistan cevizi kreması

10ml / 2 çay kaşığı hafif köri tozu

5ml / 1 çay kaşığı balık sosu

Karidesleri kuyrukta bırakarak kabuklarını soyun. Tuz, karabiber ve soya sosu serpin ve ardından mısır unu ile kaplayın. Yağı ısıtın ve sarımsak, biber ve karidesleri 1 dakika soteleyin. Kabak, taze soğan ve lychees ekleyin ve 1 dakika soteleyin. tavadan çıkarın. Hindistan cevizi kremasını tencereye dökün, kaynatın ve koyulaşana kadar 2 dakika pişirin. Köriyi karıştırın toz ve balık sosu ve tuz ve karabiber ile tatlandırın. Servis yapmadan önce tekrar ısıtmak için karides ve sebzeleri sosa geri koyun.

yengeç karides

4 kişilik

45ml / 3 yemek kaşığı yer fıstığı (yer fıstığı) yağı

3 taze soğan (taze soğan), kıyılmış

1 dilimlenmiş zencefil kökü, doğranmış

225 gr / 8 ons yengeç eti

15 ml / 1 yemek kaşığı pirinç şarabı veya sek şeri

30ml / 2 yemek kaşığı tavuk veya balık suyu

15ml / 1 yemek kaşığı soya sosu

5 ml / 1 çay kaşığı esmer şeker

5 ml / 1 çay kaşığı şarap sirkesi

taze kara biber

10 ml / 2 çay kaşığı mısır unu (mısır)

225 gr soyulmuş karides

30ml / 2 yemek kaşığı yağı ısıtın ve taze soğanları ve zencefili hafifçe kızarana kadar soteleyin. Yengeç etini ekleyin ve 2 dakika soteleyin. Şarap veya şeri, et suyu, soya sosu, şeker ve sirke ekleyin ve tadına göre biberle baharatlayın. 3 dakika soteleyin. Mısır nişastasını biraz suyla karıştırın ve sosla karıştırın. Kısık ateşte karıştırarak sos koyulaşana kadar pişirin.

Bu sırada ayrı bir tavada kalan yağı kızdırın ve karidesleri birkaç dakika kızartın.

tamamen sıcak olana kadar dakika. Yengeç karışımını sıcak servis tabağına alın ve üzerine karides ekleyin.

Salatalık Karidesleri

4 kişilik

225 gr soyulmuş karides
tuz ve taze çekilmiş karabiber
15 ml / 1 yemek kaşığı mısır unu (mısır)
1 salatalık
45ml / 3 yemek kaşığı yer fıstığı (yer fıstığı) yağı
2 diş sarımsak, kıyılmış
1 ince doğranmış soğan
15 ml / 1 yemek kaşığı pirinç şarabı veya sek şeri
2 dilim kök zencefil, doğranmış

Karidesleri tuz ve karabiberle tatlandırın ve mısır nişastasıyla karıştırın. Salatalığı soyun ve tohumlayın ve kalın dilimler halinde kesin. Yağın yarısını ısıtın ve sarımsak ve soğanı hafifçe kızarana kadar soteleyin. Karidesleri ve şeriyi ekleyin ve 2 dakika soteleyin, ardından malzemeleri tavadan çıkarın. Kalan yağı ısıtın ve zencefili 1 dakika soteleyin. Salatalığı ekleyin ve 2 dakika soteleyin. Karides karışımını tavaya geri koyun ve iyice karışana ve iyice ısınana kadar soteleyin.

körilenmiş karides

4 kişilik

45ml / 3 yemek kaşığı yer fıstığı (yer fıstığı) yağı
4 taze soğan (taze soğan), dilimlenmiş
30ml / 2 yemek kaşığı köri tozu
2.5ml/½ çay kaşığı tuz
120 ml / 4 fl oz / ½ fincan tavuk suyu
450 gr soyulmuş karides

Yağı ısıtın ve taze soğanları 30 saniye soteleyin. Köri tozu ve tuzu ekleyip 1 dakika soteleyin. Et suyunu ekleyin, kaynatın ve karıştırarak 2 dakika pişirin. Karidesleri ekleyin ve hafifçe ısıtın.

Karides ve mantarlı köri

4 kişilik

5ml / 1 çay kaşığı soya sosu

5ml / 1 çay kaşığı pirinç şarabı veya sek şeri

225 gr soyulmuş karides

30ml / 2 yemek kaşığı fıstık yağı

2 diş sarımsak, kıyılmış

1 dilim zencefil kökü, ince kıyılmış

1 soğan, dörde bölünmüş

100g / 4 ons mantar

100 gr / 4 oz taze veya dondurulmuş bezelye

15ml / 1 yemek kaşığı köri tozu

15 ml / 1 yemek kaşığı mısır unu (mısır)

150 ml / ¬° pt / cömert ¬Ω bardak tavuk suyu

Soya sosu, şarap veya şeri ve karidesleri birleştirin. Yağı sarımsak ve zencefil ile ısıtın ve hafifçe kızarana kadar soteleyin. Soğan, mantar ve bezelyeyi ekleyip 2 dakika soteleyin. Köri tozu ve mısır unu ekleyin ve 2 dakika soteleyin. Yavaş yavaş et suyu ekleyin, kaynatın, örtün ve ara sıra karıştırarak 5 dakika pişirin. Karides ve turşuyu ekleyin, örtün ve 2 dakika kısık ateşte pişirin.

kızarmış karides

4 kişilik

450 gr soyulmuş karides

30ml / 2 yemek kaşığı pirinç şarabı veya sek şeri

5ml / 1 çay kaşığı tuz

kızartma yağı

soya sosu

Karidesleri şarap veya şeride atın ve üzerine tuz serpin. 15 dakika bekletin, sonra süzün ve kurulayın. Yağı ısıtın ve karidesleri çıtır çıtır olana kadar birkaç saniye kızartın. Soya sosu gezdirerek servis yapın.

Kızarmış pane karides

4 kişilik

50 g / 2 oz / ¬Ω fincan çok amaçlı un

2.5ml/¬Ω çay kaşığı tuz

1 yumurta, hafifçe çırpılmış

30ml / 2 yemek kaşığı su

450 gr soyulmuş karides

kızartma yağı

Un, tuz, yumurta ve suyu bir hamur haline getirin, gerekirse biraz su ekleyin. İyice kaplanana kadar karidesle atın. Yağı ısıtın ve karidesleri çıtır çıtır ve altın rengi olana kadar birkaç dakika kızartın.

Domates Soslu Karides Köfte

4 kişilik

900 gr / 2 lb soyulmuş karides

450 gr / 1 lb kıyılmış morina balığı (öğütülmüş)

4 çırpılmış yumurta

50 gr / 2 oz / ¬Ω su bardağı mısır unu (mısır)

2 diş sarımsak, kıyılmış

30ml / 2 yemek kaşığı soya sosu

15ml / 1 yemek kaşığı şeker

15ml / 1 yemek kaşığı fıstık yağı

Sosu için:

30ml / 2 yemek kaşığı fıstık yağı

100 gr taze soğan (taze soğan), doğranmış

100 gr doğranmış mantar

100 gr / 4 ons kıyılmış jambon

2 kereviz sapı, doğranmış

200 gr / 7 oz domates, soyulmuş ve doğranmış

300 ml / ¬Ω pt / 1¬° bardak su

tuz ve taze çekilmiş karabiber

15 ml / 1 yemek kaşığı mısır unu (mısır)

Karidesleri ince ince doğrayın ve morina ile karıştırın. Yumurta, mısır unu, sarımsak, soya sosu, şeker ve yağı ekleyin. Büyük bir tencerede suyu kaynatın ve karışımdan çorba kaşığı tencereye dökün. Kaynatın ve köfteler yüzeye çıkana kadar birkaç dakika pişirin. İyice süzün. Sosu yapmak için yağı ısıtın ve taze soğanları yumuşayana kadar ama kahverengileşmeden soteleyin. Mantarları ekleyin ve 1 dakika soteleyin, ardından jambon, kereviz ve domatesleri ekleyin ve 1 dakika soteleyin. Suyu ekleyin, kaynatın ve tuz ve karabiber ekleyin. Örtün ve ara sıra karıştırarak 10 dakika pişirin. Mısır nişastasını biraz suyla karıştırın ve sosla karıştırın. Sos berraklaşana ve koyulaşana kadar karıştırarak birkaç dakika kısık ateşte pişirin. Köfte ile servis yapın.

Yumurta Kapları ve Karidesler

4 kişilik

15ml / 1 yemek kaşığı susam yağı

8 kabuklu karides

1 doğranmış kırmızı biber

2 taze soğan (taze soğan), kıyılmış

30ml / 2 yemek kaşığı kıyılmış denizkulağı (isteğe bağlı)

8 yumurta

15ml / 1 yemek kaşığı soya sosu

tuz ve taze çekilmiş karabiber

birkaç dal düz yapraklı maydanoz

8 güveci yağlamak için susam yağı kullanın. İstenirse, her tabağa biraz kırmızı biber, taze soğan ve denizkulağı ile bir karides yerleştirin. Her kaseye bir yumurta kırın ve soya sosu, tuz ve karabiberle tatlandırın. Kalıpları bir fırın tepsisine yerleştirin ve önceden ısıtılmış fırında 200 C / 400 F / termostat 6'da yumurtalar sertleşene ve dışı hafifçe çıtır çıtır olana kadar yaklaşık 15 dakika pişirin. Yavaşça ılık servis tabağına koyun ve maydanoz serpin.

Scampi ile Nems

4 kişilik

225 gr / 8 ons fasulye filizi

30ml / 2 yemek kaşığı fıstık yağı

4 kereviz sapı, doğranmış

100 gr doğranmış mantar

225 gr soyulmuş karides, doğranmış

15 ml / 1 yemek kaşığı pirinç şarabı veya sek şeri

2,5 ml / ¬Ω çay kaşığı mısır nişastası (mısır)

2.5ml/¬Ω çay kaşığı tuz

2.5ml/¬Ω çay kaşığı şeker

12 Çin böreği kaplaması

1 çırpılmış yumurta

kızartma yağı

Fasulye filizlerini kaynar suda 2 dakika haşladıktan sonra süzün. Yağı ısıtın ve kereviziyi 1 dakika soteleyin. Mantarları ekleyin ve 1 dakika soteleyin. Karides, şarap veya şeri, mısır nişastası, tuz ve şekeri ekleyip 2 dakika soteleyin. Soğumaya bırakın.

Her derinin ortasına biraz doldurun ve kenarlarını çırpılmış yumurta ile fırçalayın. Kenarları katlayın, ardından yumurta rulosunu kendinizden uzağa doğru yuvarlayın ve kenarlarını yumurta ile kapatın. Yağı ısıtın ve kızarana kadar kızartın.

Uzak Doğu'ya Karides

4 kişilik

16.20 kabuklu karides

1 limon suyu

120 ml / 4 fl oz / ¬Ω fincan sek beyaz şarap

30ml / 2 yemek kaşığı soya sosu

30ml / 2 yemek kaşığı bal

15 ml / 1 yemek kaşığı rendelenmiş limon kabuğu rendesi

tuz ve biber

45ml / 3 yemek kaşığı yer fıstığı (yer fıstığı) yağı

1 diş kıyılmış sarımsak

6 taze soğan (taze soğan), şeritler halinde kesilmiş

2 havuç, şeritler halinde kesilmiş

5ml / 1 çay kaşığı beş baharat tozu

5ml / 1 tatlı kaşığı mısır unu (mısır nişastası)

Karidesleri limon suyu, şarap, soya sosu, bal ve limon kabuğu rendesi ile karıştırın ve tuz ve karabiber ekleyin. Örtün ve 1 saat marine edin. Yağı ısıtın ve sarımsağı hafif altın rengi olana kadar soteleyin. Sebzeleri ekleyin ve yumuşayana kadar ama yine de gevrek olana kadar soteleyin. Karidesleri süzün, tavaya ekleyin ve 2 dakika soteleyin. Basınç

marine edin ve beş baharat tozu ve mısır nişastası ile karıştırın. Wok'a ekleyin, iyice karıştırın ve kaynatın.

Karides Foo Yung

4 kişilik

6 çırpılmış yumurta

45 ml / 3 yemek kaşığı mısır unu (mısır)

225 gr soyulmuş karides

100 gr / 4 ons mantar, dilimlenmiş

5ml / 1 çay kaşığı tuz

2 taze soğan (taze soğan), kıyılmış

45ml / 3 yemek kaşığı yer fıstığı (yer fıstığı) yağı

Yumurtaları çırpın ardından mısır ununu ekleyin. Yağ hariç kalan tüm malzemeleri ekleyin. Yağı ısıtın ve karışımı yavaş yavaş tavaya dökerek yaklaşık 7,5 cm genişliğinde krepler elde edin. Alt taraf altın rengi olana kadar kızartın, ardından diğer tarafı çevirin ve kahverengileştirin.

Karides Kızartması

4 kişilik

12 büyük çiğ karides
1 çırpılmış yumurta
30 ml / 2 yemek kaşığı mısır unu (mısır)
bir tutam tuz
bir tutam biber
3 dilim ekmek
1 haşlanmış yumurta sarısı (pişmiş), kıyılmış
25 gr pişmiş jambon, doğranmış
1 taze soğan (taze soğan), doğranmış
kızartma yağı

Karideslerin sırtlarındaki kabukları ve damarları çıkarın, kuyrukları sağlam bırakın. Karideslerin arkasını keskin bir bıçakla kesin ve hafifçe düzleştirin. Yumurta, mısır nişastası, tuz ve karabiberi çırpın. Tamamen kaplanana kadar karidesleri karışıma atın. Ekmeğin kabuğunu çıkarın ve dörde bölün. Her bir parçanın üzerine bir karidesi kesik tarafı aşağı gelecek şekilde yerleştirin ve aşağı doğru bastırın. Yumurta karışımının bir kısmını her karidesin üzerine yayın, ardından yumurta sarısı, jambon ve taze soğan serpin. Yağı ısıtın ve karides ekmek parçalarını kızarana kadar partiler halinde kızartın. Kağıt havlu üzerine alın ve sıcak servis yapın.

Sosta sotelenmiş karides

4 kişilik

75 gr / 3 ons / ½ su bardağı mısır unu (mısır nişastası)

¬Ω çırpılmış yumurta

5ml / 1 çay kaşığı pirinç şarabı veya sek şeri

Tuz

450 gr soyulmuş karides

45ml / 3 yemek kaşığı yer fıstığı (yer fıstığı) yağı

5ml / 1 çay kaşığı susam yağı

1 diş ezilmiş sarımsak

1 dilim zencefil kökü, doğranmış

3 taze soğan (taze soğan), dilimlenmiş

15 ml / 1 yemek kaşığı balık suyu

5 ml / 1 çay kaşığı şarap sirkesi

5ml / 1 çay kaşığı şeker

Bir macun yapmak için mısır unu, yumurta, şarap veya şeri ve bir tutam tuzu karıştırın. Karidesleri hafifçe kaplanacak şekilde hamura batırın. Yağı ısıtın ve karidesleri dışı çıtır çıtır olana kadar kızartın. Onları tavadan çıkarın ve yağı boşaltın. Susam yağını tavada ısıtın, karidesleri, sarımsağı, zencefili ve taze soğan ve 3 dakika soteleyin. Et suyu, şarap sirkesi ve şekeri ekleyin, iyice karıştırın ve servis yapmadan önce ısıtın.

Jambon ve tofu ile haşlanmış karides

4 kişilik

30ml / 2 yemek kaşığı fıstık yağı
225 gr / 8 ons tofu küpler halinde kesilmiş
600 ml / 1 pt / 2 Ω bardak tavuk suyu
100 gr tütsülenmiş jambon, küp doğranmış
225 gr soyulmuş karides

Yağı ısıtın ve tofuyu hafifçe kızarana kadar kızartın. Tavadan çıkarın ve süzün. Et suyunu ısıtın, tofu ve jambonu ekleyin ve tofu pişene kadar yaklaşık 10 dakika pişirin. Karidesleri ekleyin ve iyice ısınana kadar 5 dakika daha pişirin. Derin kaselerde servis yapın.

deniz kulağı turşusu

4 kişilik

450 gr / 1 pound konserve deniz kulağı

45ml / 3 yemek kaşığı soya sosu

30ml / 2 yemek kaşığı şarap sirkesi

5ml / 1 çay kaşığı şeker

birkaç damla susam yağı

Deniz kulağını boşaltın ve ince dilimler veya şeritler halinde kesin. Kalan malzemeleri birleştirin, deniz kulağının üzerine dökün ve iyice karıştırın. Örtün ve 1 saat soğutun.

Pişmiş bambu filizleri

4 kişilik

60ml / 4 yemek kaşığı fıstık yağı
225 gr / 8 ons bambu filizi, şeritler halinde kesilmiş
60ml / 4 yemek kaşığı tavuk suyu
15ml / 1 yemek kaşığı soya sosu
5ml / 1 çay kaşığı şeker
5ml / 1 çay kaşığı pirinç şarabı veya sek şeri

Yağı ısıtın ve bambu filizlerini 3 dakika kızartın. Et suyu, soya sosu, şeker ve şarap veya şeri birleştirin ve tencereye ekleyin. Örtün ve 20 dakika kısık ateşte pişirin. Servis yapmadan önce soğumaya bırakın ve soğumaya bırakın.

tavuk salatalık

4 kişilik

1 salatalık, soyulmuş ve çekirdekleri çıkarılmış
225 gr pişmiş tavuk, şeritler halinde kesilmiş
5ml / 1 çay kaşığı hardal tozu
2.5ml/½ çay kaşığı tuz
30ml / 2 yemek kaşığı şarap sirkesi

Salatalığı şeritler halinde kesin ve düz bir servis tabağına alın. Üzerine tavukları yerleştirin. Hardal, tuz ve şarap sirkesini karıştırın ve servis yapmadan hemen önce tavuğun üzerine dökün.

Susamlı Tavuk

4 kişilik

350g / 12oz pişmiş tavuk
120 ml / 4 fl oz / ¬Ω su bardağı
5ml / 1 çay kaşığı hardal tozu
15ml / 1 yemek kaşığı susam
2.5ml/¬Ω çay kaşığı tuz
bir tutam şeker
45 ml / 3 yemek kaşığı kıyılmış taze kişniş
5 taze soğan (taze soğan), dilimlenmiş
¬Ω marul kalpleri, kıyılmış

Tavuğu ince şeritler halinde kesin. Pürüzsüz bir macun yapmak için hardalla yeterince su karıştırın ve tavuğun içine karıştırın. Susam tohumlarını kuru bir tavada hafifçe kızarana kadar kızartın, ardından tavuğa ekleyin ve tuz ve şeker serpin. Maydanozun yarısını ve taze soğanı ekleyin ve iyice karıştırın. Marulu servis tabağına alın, üzerine tavuklu karışımı ekleyin ve kalan maydanozla süsleyin.

Zencefilli liçi

4 kişilik

1 büyük karpuz, ikiye bölünmüş ve çekirdekleri çıkarılmış
450 gr konserve liçi, süzülmüş
5 cm kök zencefil, dilimlenmiş
birkaç nane yaprağı

Kavun yarımlarını liçi ve zencefille süsleyin, nane yapraklarıyla süsleyin. Servis yapmadan önce soğutun.

Kırmızı pişmiş tavuk kanatları

4 kişilik

8 tavuk kanadı
2 taze soğan (taze soğan), kıyılmış
75ml / 5 yemek kaşığı soya sosu
120 ml / 4 fl oz / ¬Ω su bardağı
30 ml / 2 yemek kaşığı esmer şeker

Tavuk kanatlarının kemik uçlarını ayıklayıp ortadan ikiye kesin. Malzemelerin geri kalanıyla birlikte bir tencereye koyun, kaynatın, üzerini kapatın ve 30 dakika kısık ateşte pişirin. Kapağı çıkarın ve sık sık teyelleyerek 15 dakika daha pişirin. Soğumaya bırakın ve servis yapmadan önce soğutun.

Salatalık Yengeç Eti

4 kişilik

100 gr yengeç eti, ufalanmış
2 salatalık, soyulmuş ve rendelenmiş
1 dilim zencefil kökü, doğranmış
15ml / 1 yemek kaşığı soya sosu
30ml / 2 yemek kaşığı şarap sirkesi
5ml / 1 çay kaşığı şeker
birkaç damla susam yağı

Yengeç etini ve salatalıkları bir kaseye koyun. Kalan malzemeleri birleştirin, yengeç eti karışımının üzerine dökün ve iyice karıştırın. Servis yapmadan 30 dakika önce örtün ve soğutun.

Marine edilmiş mantarlar

4 kişilik

225g / 8 ons mantar

30ml / 2 yemek kaşığı soya sosu

15 ml / 1 yemek kaşığı pirinç şarabı veya sek şeri

bir tutam tuz

birkaç damla tabasco sosu

birkaç damla susam yağı

Mantarları kaynar suda 2 dakika haşlayın, ardından süzün ve kurulayın. Bir kaseye koyun ve kalan malzemelerin üzerine dökün. İyice karıştırın ve servis yapmadan önce soğutun.

Marine edilmiş Sarımsaklı Mantarlar

4 kişilik

225g / 8 ons mantar

3 diş sarımsak, kıyılmış

30ml / 2 yemek kaşığı soya sosu

30ml / 2 yemek kaşığı pirinç şarabı veya sek şeri

15ml / 1 yemek kaşığı susam yağı

bir tutam tuz

Mantarları ve sarımsakları bir kevgir içine koyun, üzerine kaynar su dökün ve 3 dakika bekletin. Süzün ve iyice kurulayın. Kalan malzemeleri karıştırın, marineyi mantarların üzerine dökün ve 1 saat marine etmeye bırakın.

Karides ve karnabahar

4 kişilik
225 gr karnabahar çiçeği
100 gr kabuklu karides
15ml / 1 yemek kaşığı soya sosu
5ml / 1 çay kaşığı susam yağı

Karnabaharı yumuşayana ancak yine de çıtır çıtır olana kadar yaklaşık 5 dakika kaynatın. Karideslerle birleştirin, soya sosu ve susam yağı gezdirin ve karıştırın. Servis yapmadan önce soğutun.

Susam jambon çubukları

4 kişilik

225 gr / 8 ons jambon, şeritler halinde kesilmiş
10ml / 2 çay kaşığı soya sosu
2,5 ml / ½ çay kaşığı susam yağı

Jambonu servis tabağına alın. Soya sosu ve susam yağını karıştırın, jambonun üzerine serpin ve servis yapın.

soğuk tofu

4 kişilik

450 gr tofu, dilimlenmiş
45ml / 3 yemek kaşığı soya sosu
45ml / 3 yemek kaşığı yer fıstığı (yer fıstığı) yağı
taze kara biber

Her seferinde birkaç dilim tofuyu bir kevgir içine koyun ve 40 saniye kaynar suya daldırın, ardından süzün ve servis tabağına yerleştirin. Soğumaya bırakın. Soya sosu ve yağı karıştırın, üzerine tofu serpin ve üzerine biber serperek servis yapın.

domuz pastırmalı tavuk

4 kişilik

225 gr / 8 ons tavuk, çok ince dilimlenmiş
75ml / 5 yemek kaşığı soya sosu
15 ml / 1 yemek kaşığı pirinç şarabı veya sek şeri
1 diş ezilmiş sarımsak
15 ml / 1 yemek kaşığı esmer şeker
5ml / 1 çay kaşığı tuz
5ml / 1 çay kaşığı kıyılmış zencefil kökü
225 gr yağsız domuz pastırması, küp şeklinde doğranmış
100 gr su kestanesi, çok ince dilimlenmiş
30ml / 2 yemek kaşığı bal

Tavuğu bir kaseye koyun. 45 ml / 3 yemek kaşığı soya sosunu şarap veya şeri, sarımsak, şeker, tuz ve zencefil ile karıştırın, tavuğun üzerine dökün ve yaklaşık 3 saat marine etmeye bırakın. Tavukları, pastırma parçalarını ve kestaneleri kebap şişlerine geçirin. Kalan soya sosunu bal ile karıştırıp şişlere paylaştırın. Sıcak bir piliç altında yaklaşık 10 dakika tamamen pişene kadar ızgara yapın (kızartma), sık sık çevirin ve pişerken daha fazla sır sürün.

Tavuk ve muz kızartması

4 kişilik

2 haşlanmış tavuk göğsü

2 sert muz

6 dilim ekmek

4 yumurta

120 ml / 4 fl oz / ¬Ω bardak süt

50 g / 2 oz / ¬Ω fincan çok amaçlı un

225 gr / 8 ons / 4 su bardağı taze galeta unu

kızartma yağı

Tavuğu 24 parçaya bölün. Muzları soyun ve uzunlamasına dörde bölün. 24 parça yapmak için her çeyreği üçe bölün. Ekmeğin kabuğunu çıkarın ve dörde bölün. Yumurtaları ve sütü çırpın ve ekmeğin bir tarafına yayın. Her bir ekmek parçasının yumurta kaplı tarafına bir parça tavuk ve bir parça muz koyun. Kareleri hafifçe una bulayın, ardından yumurtaya batırın ve galeta ununa bulayın. Tekrar yumurta ve galeta ununa bulayın. Yağı ısıtın ve her seferinde birkaç kare kızarana kadar kızartın. Servis yapmadan önce emici kağıt üzerinde süzün.

Zencefil ve Mantarlı Tavuk

4 kişilik

225 gr / 8 ons tavuk göğsü filetosu

5ml / 1 çay kaşığı beş baharat tozu

15 ml / 1 yemek kaşığı çok amaçlı un

120 ml / 4 fl oz / ¬Ω fincan yer fıstığı (yer fıstığı) yağı

4 arpacık, yarıya

1 diş sarımsak, dilimlenmiş

1 dilim zencefil kökü, doğranmış

25 gr / 1 ons / ¬° fincan kaju fıstığı

5ml / 1 tatlı kaşığı bal

15ml / 1 yemek kaşığı pirinç unu

75ml / 5 yemek kaşığı pirinç şarabı veya sek şeri

100 gr mantar, dörde bölünmüş

2.5ml/¬Ω çay kaşığı zerdeçal

6 sarı biber, ikiye bölünmüş

5ml / 1 çay kaşığı soya sosu

¬Ω limon suyu

tuz ve biber

4 adet gevrek marul yaprağı

Tavuk göğsünü çapraz olarak ince şeritler halinde dilimleyin. Beş baharat tozu serpin ve hafifçe unla kaplayın. 15ml / 1 yemek kaşığı yağı ısıtın ve tavuğu altın rengi kahverengi olana kadar kızartın. tavadan çıkarın. Biraz yağı ısıtın ve arpacık soğanı, sarımsağı, zencefili ve kajuları 1 dakika soteleyin. Bal ekleyin ve sebzeler kaplanana kadar karıştırın. Un serpin, ardından şarap veya şeri ekleyin. Mantar, zerdeçal ve biberleri ekleyip 1 dakika pişirin. Tavuk, soya sosu, limon suyunun yarısı, tuz ve karabiberi ekleyip ısıtın. Tavadan çıkarın ve sıcak tutun. Biraz yağ ısıtın, marul yapraklarını ekleyin ve hızlıca soteleyin,

Tavuk ve Jambon

4 kişilik

225 gr / 8 ons tavuk, çok ince dilimlenmiş
75ml / 5 yemek kaşığı soya sosu
15 ml / 1 yemek kaşığı pirinç şarabı veya sek şeri
15 ml / 1 yemek kaşığı esmer şeker
5ml / 1 çay kaşığı kıyılmış zencefil kökü
1 diş ezilmiş sarımsak
225 g / 8 oz pişmiş jambon, küp doğranmış
30ml / 2 yemek kaşığı bal

Tavuğu 45 ml / 3 yemek kaşığı soya sosu, şarap veya şeri, şeker, zencefil ve sarımsakla birlikte bir kaseye koyun. 3 saat marine etmeye bırakın. Tavuk ve jambonu kebap şişlerine geçirin. Kalan soya sosunu bal ile karıştırıp şişlere paylaştırın. Sıcak bir piliç altında yaklaşık 10 dakika ızgara yapın (kızartma), sık sık çevirin ve pişerken sırla fırçalayın.

Izgara tavuk ciğeri

4 kişilik

450 gr / 1 pound tavuk ciğeri
45ml / 3 yemek kaşığı soya sosu
15 ml / 1 yemek kaşığı pirinç şarabı veya sek şeri
15 ml / 1 yemek kaşığı esmer şeker
5ml / 1 çay kaşığı tuz
5ml / 1 çay kaşığı kıyılmış zencefil kökü
1 diş ezilmiş sarımsak

Tavuk ciğeri kaynar suda 2 dakika haşlandıktan sonra iyice süzülür. Yağ hariç kalan tüm malzemeleri içeren bir kaba koyun ve yaklaşık 3 saat marine etmeye bırakın. Tavuk ciğeri kebap şişlerine geçirilir ve kızgın ızgarada yaklaşık 8 dakika kızarana kadar kızartılır (kızartılır).

Su kestanesi ile yengeç köfte

4 kişilik

450 gr yengeç eti, doğranmış
100 gr / 4 ons su kestanesi, doğranmış
1 diş ezilmiş sarımsak
1 cm/¬Ω dilimlenmiş zencefil kökü, kıyılmış
45 ml / 3 yemek kaşığı mısır unu (mısır)
30ml / 2 yemek kaşığı soya sosu
15 ml / 1 yemek kaşığı pirinç şarabı veya sek şeri
5ml / 1 çay kaşığı tuz
5ml / 1 çay kaşığı şeker
3 çırpılmış yumurta
kızartma yağı

Yağ hariç tüm malzemeleri karıştırın ve toplar oluşturun. Yağı ısıtın ve yengeç köftelerini kızarana kadar kızartın. Servis yapmadan önce iyice süzün.

dim-sum

4 kişilik

100 gr soyulmuş karides, doğranmış
225 gr yağsız domuz eti, ince kıyılmış
50 gr Çin lahanası, ince kıyılmış
3 taze soğan (taze soğan), kıyılmış
1 çırpılmış yumurta
30 ml / 2 yemek kaşığı mısır unu (mısır)
10ml / 2 çay kaşığı soya sosu
5ml / 1 çay kaşığı susam yağı
5ml / 1 çay kaşığı istiridye sosu
24 wonton görünümü
kızartma yağı

Karides, domuz eti, lahana ve taze soğanları birleştirin. Yumurta, mısır unu, soya sosu, susam yağı ve istiridye sosunu birleştirin. Karışımın kaşıklarını her wonton derisinin ortasına bırakın. Sargıları dolgunun etrafına hafifçe bastırın, kenarları bir araya getirin, ancak üst kısmı açık bırakın. Yağı ısıtın ve dim sumları her seferinde birkaç tane kızarana kadar kızartın. İyice süzün ve sıcak servis yapın.

Jambon ve tavuk ruloları

4 kişilik

2 tavuk göğsü
1 diş ezilmiş sarımsak
2.5ml/¬Ω çay kaşığı tuz
2,5 ml/¬Ω çay kaşığı beş baharat tozu
4 dilim pişmiş jambon
1 çırpılmış yumurta
30ml / 2 yemek kaşığı süt
25 gr / 1 ons / ¬° fincan çok amaçlı un
4 adet yaylı rulo kabuğu
kızartma yağı

Tavuk göğüslerini ortadan ikiye kesin. Çok iyi olana kadar onları ezin. Sarımsak, tuz ve beş baharat tozunu birleştirin ve tavuğun üzerine serpin. Her bir tavuk parçasına bir dilim jambon koyun ve sıkıca sarın. Yumurta ve sütü karıştırın. Tavuk parçalarını hafifçe una bulayın, ardından yumurta karışımına daldırın. Her parçayı bir yaylı rulonun dış yüzeyine yerleştirin ve kenarlarını çırpılmış yumurta ile fırçalayın. Kenarları içe katlayın, ardından birlikte yuvarlayın, mühürlemek için kenarları sıkıştırın. Yağı ısıtın ve ruloları kızarana kadar yaklaşık 5 dakika kızartın.

Kızartın ve pişirin.Kağıt havlu üzerinde süzün ve servis yapmak için çapraz olarak kalın dilimler halinde kesin.

Pişmiş Jambon Döndürme

4 kişilik

350 gr / 12 ons / 3 su bardağı çok amaçlı un
175 gr / 6 oz / ¬œ fincan tereyağı
120 ml / 4 fl oz / ¬Ω su bardağı
225 gr / 8 ons kıyılmış jambon
100 g / 4 oz bambu filizi, doğranmış
2 taze soğan (taze soğan), kıyılmış
15ml / 1 yemek kaşığı soya sosu
30ml / 2 yemek kaşığı susam

Unu bir kaseye koyun ve tereyağı ile ovun. Bir macun oluşturmak için suyla karıştırın. Hamuru açın ve 5/2 cm'lik daireler kesin, susam hariç kalan tüm malzemeleri karıştırın ve her daireye bir çorba kaşığı koyun. Hamurun kenarlarını su ile fırçalayın ve kapatın. Dışını suyla fırçalayın ve susam serpin. Önceden ısıtılmış 180 C / 350 F / termostat 4 fırında 30 dakika pişirin.

Sahte tütsülenmiş balık

4 kişilik

1 levrek

3 dilim kök zencefil, dilimlenmiş

1 diş ezilmiş sarımsak

1 taze soğan (yeşil soğan), kalın dilimlenmiş

75ml / 5 yemek kaşığı soya sosu

30ml / 2 yemek kaşığı pirinç şarabı veya sek şeri

2,5 ml / ¬Ω çay kaşığı öğütülmüş anason

2,5 ml / ¬Ω çay kaşığı susam yağı

10ml / 2 çay kaşığı şeker

120 ml / 4 fl oz / ¬Ω bardak et suyu

kızartma yağı

5ml / 1 tatlı kaşığı mısır unu (mısır nişastası)

Balıkları kesin ve liflere karşı 5 mm'lik dilimler halinde kesin. Zencefil, sarımsak, taze soğan, 60ml / 4 yemek kaşığı soya sosu, şeri, anason ve susam yağını karıştırın. Balığın üzerine dökün ve yavaşça atın. Ara sıra çevirerek 2 saat bekletin.

Marinayı bir tencereye boşaltın ve balıkları kağıt havluların üzerine kurulayın. Şeker, et suyu ve kalan soya sosunu ekleyin.

marine edin, kaynatın ve 1 dakika pişirin. Sosu koyulaştırmanız gerekirse, mısır nişastasını biraz soğuk suyla karıştırın, sosa ekleyin ve sos koyulaşana kadar karıştırarak pişirin.

Bu sırada yağı ısıtın ve balıkları kızarana kadar kızartın. İyice süzün. Balık parçalarını bu sosa bulayıp sıcak servis tabağına alın. Sıcak veya soğuk servis yapın.

mantar dolması

4 kişilik

12 büyük kapak kurutulmuş mantar

225 gr / 8 ons yengeç eti

3 su kestanesi, doğranmış

2 taze soğan (taze soğan), ince doğranmış

1 yumurta akı

15 ml / 1 yemek kaşığı mısır unu (mısır)

15ml / 1 yemek kaşığı soya sosu

15 ml / 1 yemek kaşığı pirinç şarabı veya sek şeri

Mantarları bir gece önceden ılık suda bekletin. Kuru sıkın. Kalan malzemeleri birlikte karıştırın ve mantar kapaklarını doldurmak için kullanın. Bir buhar rafına yerleştirin ve 40 dakika buharlayın. Sıcak servis yapın.

İstiridye soslu mantar

4 kişilik

10 adet kuru Çin mantarı
250 ml / 8 fl oz / 1 su bardağı et suyu
15 ml / 1 yemek kaşığı mısır unu (mısır)
30ml / 2 yemek kaşığı istiridye sosu
5ml / 1 çay kaşığı pirinç şarabı veya sek şeri

Mantarları 30 dakika ılık suda bekletin, ardından 250ml / 8 fl oz / 1 bardak ıslatma sıvısı ayırarak süzün. Sapları atın. 60ml / 4 yemek kaşığı et suyunu mısır unu ile macun kıvamına gelene kadar karıştırın. Kalan et suyunu mantarlar ve mantar sıvısıyla birlikte kaynatın, üzerini kapatın ve 20 dakika pişirin. Delikli kepçe ile mantarları suyundan alıp sıcak servis tabağına alın. Tavaya istiridye sosu ve şeri ekleyin ve karıştırarak 2 dakika pişirin. Mısır unu ezmesini ekleyin ve sos koyulaşana kadar karıştırarak kısık ateşte pişirin. Mantarların üzerine dökün ve hemen servis yapın.

Domuz eti ve marul ruloları

4 kişilik

4 adet kuru Çin mantarı
15ml / 1 yemek kaşığı fıstık yağı
225 gr yağsız domuz eti, kıyılmış
100 g / 4 oz bambu filizi, doğranmış
100 gr / 4 ons su kestanesi, doğranmış
4 taze soğan (taze soğan), kıyılmış
175 gr yengeç eti, ufalanmış
30ml / 2 yemek kaşığı pirinç şarabı veya sek şeri
15ml / 1 yemek kaşığı soya sosu
10ml / 2 çay kaşığı istiridye sosu
10ml / 2 çay kaşığı susam yağı
9 Çin yaprağı

Mantarları ılık suda 30 dakika bekletin, sonra süzün. Sapları atın ve üstleri doğrayın. Yağı ısıtın ve domuz etini 5 dakika kızartın. Mantarları, bambu filizlerini, kestaneleri, taze soğanları ve yengeç etini ilave edip 2 dakika soteleyin. Şarap veya şeri, soya sosu, istiridye sosu ve susam yağını tavada karıştırın. ateşten çıkarın. Bu sırada Çin yapraklarını kaynar suda 1 dakika haşlayın, ardından tahliye etmek. Her yaprağın ortasına domuz eti karışımından kaşık koyun, kenarlarını katlayın ve servis yapmak için rulo yapın.

Domuz Köfte ve Kestane

4 kişilik

450 gr / 1 pound domuz kıyması (kıyılmış)
50 gr mantar, ince doğranmış
50 gr ince kıyılmış su kestanesi
1 diş ezilmiş sarımsak
1 çırpılmış yumurta
30ml / 2 yemek kaşığı soya sosu
15 ml / 1 yemek kaşığı pirinç şarabı veya sek şeri
5ml / 1 çay kaşığı kıyılmış zencefil kökü
5ml / 1 çay kaşığı şeker
Tuz
30 ml / 2 yemek kaşığı mısır unu (mısır)
kızartma yağı

Mısır unu hariç tüm malzemeleri karıştırıp bu karışımla toplar yapın. Mısır ununa bulayın. Yağı ısıtın ve köfteleri kızarana kadar yaklaşık 10 dakika kızartın. Servis yapmadan önce iyice süzün.

domuz Mantısı

4'6 için

450 gr / 1 pound çok amaçlı un

500 ml / 17 fl oz / 2 bardak su

450 gr / 1 lb pişmiş domuz eti, kıyılmış

225 gr soyulmuş karides, doğranmış

4 kereviz sapı, doğranmış

15ml / 1 yemek kaşığı soya sosu

15 ml / 1 yemek kaşığı pirinç şarabı veya sek şeri

15ml / 1 yemek kaşığı susam yağı

5ml / 1 çay kaşığı tuz

2 taze soğan (taze soğan), ince doğranmış

2 diş sarımsak, kıyılmış

1 dilim zencefil kökü, doğranmış

Un ve suyu pürüzsüz olana kadar karıştırın ve iyice yoğurun. Örtün ve 10 dakika bekletin. Hamuru olabildiğince ince açın ve 5/2 cm'lik daireler kesin, kalan tüm malzemeleri karıştırın. Her daireye karışımdan birer kaşık dökün, kenarlarını nemlendirin ve yarım daire şeklinde kapatın. Bir tencerede suyu kaynatın, ardından köfteleri dikkatlice suya bırakın.

Domuz eti ve dana köfte

4 kişilik

100 gr domuz kıyması (kıyılmış)
100 gr / 4 ons kıyma (kıyılmış)
1 dilim kıyılmış domuz pastırması, doğranmış (öğütülmüş)
15ml / 1 yemek kaşığı soya sosu
tuz ve biber
1 çırpılmış yumurta
30 ml / 2 yemek kaşığı mısır unu (mısır)
kızartma yağı

Kıyma ve domuz pastırmasını birleştirin ve tuz ve karabiber ekleyin. Yumurtayı çırpın, ceviz büyüklüğünde toplar yapın ve mısır unu serpin. Yağı ısıtın ve kızarana kadar kızartın. Servis yapmadan önce iyice süzün.

kelebek karides

4 kişilik

450 gr / 1 pound büyük kabuklu karides
15ml / 1 yemek kaşığı soya sosu
5ml / 1 çay kaşığı pirinç şarabı veya sek şeri
5ml / 1 çay kaşığı kıyılmış zencefil kökü
2.5ml/¬Ω çay kaşığı tuz
2 çırpılmış yumurta
30 ml / 2 yemek kaşığı mısır unu (mısır)
15 ml / 1 yemek kaşığı çok amaçlı un
kızartma yağı

Karidesleri sırtın ortasından kesin ve bir kelebek oluşturacak şekilde yayın. Soya sosu, şarap veya şeri, zencefil ve tuzu birleştirin. Karideslerin üzerine dökün ve 30 dakika marine edin. Marinadan çıkarın ve kurulayın. Yumurtayı mısır nişastası ve unla hamur haline gelene kadar çırpın ve karidesleri hamura batırın. Yağı ısıtın ve karidesleri kızarana kadar kızartın. Servis yapmadan önce iyice süzün.

Çin karidesi

4 kişilik

450 gr / 1 pound kabuksuz karides
30ml / 2 yemek kaşığı Worcestershire sosu
15ml / 1 yemek kaşığı soya sosu
15 ml / 1 yemek kaşığı pirinç şarabı veya sek şeri
15 ml / 1 yemek kaşığı esmer şeker

Karidesleri bir kaseye koyun. Kalan malzemeleri karıştırın, karideslerin üzerine dökün ve 30 dakika yumuşamaya bırakın. Fırına dayanıklı bir kaba aktarın ve önceden ısıtılmış fırında 150°C/300°F/termostat 2'de 25 dakika pişirin. Konukların kabuklarını soyması için sıcak veya soğuk kabuklarda servis yapın.

Karides Kraker

4 kişilik

100 g / 4 ons karidesli kraker
kızartma yağı

Yağı çok sıcak olana kadar ısıtın. Her seferinde bir avuç karides kraker ekleyin ve kabarana kadar birkaç saniye kızartın. Kurabiyeleri kızartmaya devam ederken yağdan çıkarın ve kağıt havlu üzerinde süzün.

çıtır karides

4 kişilik

450 gr soyulmuş kaplan karidesi

15 ml / 1 yemek kaşığı pirinç şarabı veya sek şeri

10ml / 2 çay kaşığı soya sosu

5ml / 1 çay kaşığı beş baharat tozu

tuz ve biber

90 ml / 6 yemek kaşığı mısır unu (mısır)

2 çırpılmış yumurta

100g / 4oz galeta unu

kızartmak için fıstık yağı

Karidesleri şarap veya şeri, soya sosu ve beş baharat tozu ile karıştırın ve tuz ve karabiber ekleyin. Mısır ununa bulayıp, çırpılmış yumurta ve galeta ununa bulayın. Kızgın yağda hafifçe kızarana kadar birkaç dakika kızartın, ardından süzün ve hemen servis yapın.

Zencefil soslu Gambas

4 kişilik

15ml / 1 yemek kaşığı soya sosu
5ml / 1 çay kaşığı pirinç şarabı veya sek şeri
5ml / 1 çay kaşığı susam yağı
450 gr soyulmuş karides
30ml / 2 yemek kaşığı kıyılmış taze maydanoz
15 ml / 1 yemek kaşığı şarap sirkesi
5ml / 1 çay kaşığı kıyılmış zencefil kökü

Soya sosu, şarap veya şeri ve susam yağını birleştirin. Karidesin üzerine dökün, üzerini kapatın ve 30 dakika marine etmeye bırakın. Karidesleri iyice pişene kadar birkaç dakika ızgara yapın ve üzerlerine marine sosu sürün. Bu sırada maydanoz, şarap sirkesi ve zencefili karıştırıp karidesle birlikte servis edin.

Karides ve erişte ruloları

4 kişilik

50 gr yumurtalı erişte, parçalara ayrılmış

15ml / 1 yemek kaşığı fıstık yağı

50 gr yağsız domuz eti, ince kıyılmış

100 gr doğranmış mantar

3 taze soğan (taze soğan), kıyılmış

100 gr soyulmuş karides, doğranmış

15 ml / 1 yemek kaşığı pirinç şarabı veya sek şeri

tuz ve biber

24 wonton görünümü

1 çırpılmış yumurta

kızartma yağı

Makarnaları kaynar suda 5 dakika haşladıktan sonra süzün ve doğrayın. Yağı ısıtın ve domuz etini 4 dakika kızartın. Mantar ve soğanı ekleyip 2 dakika soteledikten sonra ocaktan alın. Karides, şarap veya şeri ve erişte ekleyin ve tuz ve karabiberle tatlandırın. Karışımı her wonton derisinin ortasına kaşıkla koyun ve kenarlarını çırpılmış yumurta ile fırçalayın. Kenarları içe katlayın, ardından kenarları birbirine yapıştırarak sargıları sarın. Yağı ısıtın ve ruloları bir süre kızartın

Altın kahverengi olana kadar yaklaşık 5 dakika boyunca her seferinde birkaç tane. Servis yapmadan önce emici kağıt üzerinde süzün.

Karides Tost

4 kişilik

2 yumurta 450 gr soyulmuş karides, doğranmış

15 ml / 1 yemek kaşığı mısır unu (mısır)

1 ince doğranmış soğan

30ml / 2 yemek kaşığı soya sosu

15 ml / 1 yemek kaşığı pirinç şarabı veya sek şeri

5ml / 1 çay kaşığı tuz

5ml / 1 çay kaşığı kıyılmış zencefil kökü

8 dilim ekmek, üçgen şeklinde kesilmiş

kızartma yağı

1 yumurtayı ekmek ve yağ hariç kalan tüm malzemelerle karıştırın. Karışımı ekmek üçgenlerinin üzerine yayın ve bir kubbe oluşturmak için bastırın. Kalan yumurta ile fırçalayın. Yaklaşık 5 cm yağı ısıtın ve üçgen ekmekleri kızarana kadar kızartın. Servis yapmadan önce iyice süzün.

Tatlı ve Ekşi Soslu Domuz Eti ve Karides Wonton

4 kişilik

120 ml / 4 fl oz / ¬Ω su bardağı

60ml / 4 yemek kaşığı şarap sirkesi

60ml / 4 yemek kaşığı esmer şeker

30ml / 2 yemek kaşığı domates püresi (salça)

10 ml / 2 çay kaşığı mısır unu (mısır)

25 gr / 1 ons mantar, doğranmış

25 gr / 1 ons soyulmuş ve doğranmış karides

50 gr yağsız domuz eti, kıyılmış

2 taze soğan (taze soğan), kıyılmış

5ml / 1 çay kaşığı soya sosu

2,5 ml/¬Ω çay kaşığı rendelenmiş zencefil kökü

1 diş ezilmiş sarımsak

24 wonton görünümü

kızartma yağı

Küçük bir tencerede su, şarap sirkesi, şeker, domates püresi ve mısır unu birleştirin. Sürekli karıştırarak kaynatın, ardından 1 dakika pişirin. Ateşten alın ve sıcak tutun.

Mantar, karides, domuz eti, taze soğan, soya sosu, zencefil ve sarımsağı birleştirin. Kaşık dolusu dolguyu her bir cilde damlatın, kenarlarını suyla fırçalayın ve mühürlemek için bastırın. Yağı ısıtın ve wontonları her seferinde birkaç tane kızarana kadar kızartın. Kağıt havluların üzerine boşaltın ve tatlı ve ekşi sosla sıcak servis yapın.

Tavuk suyu

2 litre / 3½ qts / 8½ bardak yapar

1,5 kg / 2 lb pişmiş veya çiğ tavuk kemiği
450 gr / 1 pound domuz kemiği
1 cm / ½ inç parça zencefil kökü
3 taze soğan (taze soğan), dilimlenmiş
1 diş ezilmiş sarımsak
5ml / 1 çay kaşığı tuz
2,25 litre / 4 puan / 10 bardak su

Tüm malzemeleri kaynatın, örtün ve 15 dakika pişirin. Yağı kesin. Örtün ve 1½ saat kısık ateşte pişirin. Süzün, soğutun ve süzün. Küçük miktarlarda dondurun veya buzdolabında saklayın ve 2 gün içinde kullanın.

Domuz eti ve fasulye filizi çorbası

4 kişilik

450 gr / 1 pound domuz eti, kuşbaşı

1,5 l / 2½ puan / 6 su bardağı tavuk suyu

5 dilim zencefil kökü

350 gr / 12 ons fasulye filizi

15ml / 1 yemek kaşığı tuz

Domuzu kaynar suda 10 dakika haşlayın, sonra süzün. Et suyunu kaynatın ve domuz eti ve zencefil ekleyin. Örtün ve 50 dakika kısık ateşte pişirin. Fasulye filizlerini ve tuzu ekleyip 20 dakika pişirin.

Abalone ve Mantar Çorbası

4 kişilik

60ml / 4 yemek kaşığı fıstık yağı
100 gr yağsız domuz eti, şeritler halinde kesilmiş
225 g / 8 oz konserve deniz kulağı, şeritler halinde kesilmiş
100 gr / 4 ons mantar, dilimlenmiş
2 kereviz sapı, dilimlenmiş
50 g / 2 oz jambon şeritler halinde kesilmiş
2 dilimlenmiş soğan
1,5 l / 2½ puan / 6 su bardağı su
30ml / 2 yemek kaşığı şarap sirkesi
45ml / 3 yemek kaşığı soya sosu
2 dilim kök zencefil, doğranmış
tuz ve taze çekilmiş karabiber
15 ml / 1 yemek kaşığı mısır unu (mısır)
45ml / 3 yemek kaşığı su

Yağı ısıtın ve domuz eti, deniz kulağı, mantar, kereviz, jambon ve soğanı 8 dakika soteleyin. Su ve şarap sirkesini ekleyin, kaynatın, üzerini kapatın ve 20 dakika pişirin. Soya sosu, zencefil, tuz ve karabiber ekleyin. Mısır ununu macun kıvamına gelene kadar karıştırın.

su, çorbaya karıştırın ve çorba berraklaşana ve koyulaşana kadar 5 dakika karıştırarak pişirin.

Tavuk ve kuşkonmaz çorbası

4 kişilik

100 gr / 4 ons tavuk, kıyılmış

2 yumurta akı

2.5ml / ½ çay kaşığı tuz

30 ml / 2 yemek kaşığı mısır unu (mısır)

225 gr / 8 oz kuşkonmaz, 5 cm / 2 parçaya kesilmiş

100 gr / 4 ons fasulye filizi

1,5 l / 2½ puan / 6 su bardağı tavuk suyu

100g / 4 ons mantar

Tavuğu yumurta akı, tuz ve mısır nişastasıyla karıştırıp 30 dakika bekletin. Tavuğu kaynar suda yaklaşık 10 dakika pişene kadar pişirin, ardından iyice süzün. Kuşkonmazı kaynar suda 2 dakika haşlayıp süzün. Fasulye filizlerini kaynar suda 3 dakika haşladıktan sonra süzün. Et suyunu büyük bir tavaya dökün ve tavuk, kuşkonmaz, mantar ve fasulye filizlerini ekleyin. Kaynatın ve tuzla tatmak için baharatlayın. Lezzetlerin gelişmesine izin vermek için ve sebzeler yumuşayana ancak yine de çıtır çıtır olana kadar birkaç dakika pişirin.

sığır çorbası

4 kişilik

225 gr / 8 ons kıyma (kıyma)

15ml / 1 yemek kaşığı soya sosu

15 ml / 1 yemek kaşığı pirinç şarabı veya sek şeri

15 ml / 1 yemek kaşığı mısır unu (mısır)

1,2 l / 2 puan / 5 su bardağı tavuk suyu

5ml / 1 çay kaşığı biber sosu

tuz ve biber

2 çırpılmış yumurta

6 taze soğan (taze soğan), dilimlenmiş

Eti soya sosu, şarap veya şeri ve mısır nişastasıyla karıştırın. Et suyuna ekleyin ve karıştırarak yavaş yavaş kaynatın. Acı sosu ekleyin ve tuz ve karabiberle tatlandırın, örtün ve ara sıra karıştırarak yaklaşık 10 dakika pişirin. Yumurtaları ekleyin ve üzerine maydanoz serperek servis yapın.

Çin sığır eti ve yaprak çorbası

4 kişilik

200 gr yağsız sığır eti, şeritler halinde kesilmiş
15ml / 1 yemek kaşığı soya sosu
15ml / 1 yemek kaşığı fıstık yağı
1,5 l / 2½ puan / 6 su bardağı et suyu
5ml / 1 çay kaşığı tuz
2.5ml / ½ çay kaşığı şeker
½ baş Çin yaprağı, parçalar halinde kesilmiş

Eti soya sosu ve yağ ile karıştırın ve ara sıra karıştırarak 30 dakika marine etmeye bırakın. Et suyunu tuz ve şekerle birlikte kaynatın, Çin yapraklarını ekleyin ve neredeyse pişene kadar yaklaşık 10 dakika pişirin. Eti ekleyin ve 5 dakika daha pişirin.

Lahana çorbası

4 kişilik

60ml / 4 yemek kaşığı fıstık yağı
2 doğranmış soğan
100 gr yağsız domuz eti, şeritler halinde kesilmiş
225 gr Çin lahanası, rendelenmiş
10ml / 2 çay kaşığı şeker
1,2 l / 2 puan / 5 su bardağı tavuk suyu
45ml / 3 yemek kaşığı soya sosu
tuz ve biber
15 ml / 1 yemek kaşığı mısır unu (mısır)

Yağı ısıtın ve soğanları ve domuz eti hafifçe kızarana kadar soteleyin. Lahana ve şekeri ekleyip 5 dakika soteleyin. Et suyu ve soya sosu ekleyin ve tuz ve karabiberle tatlandırın. Kaynatın, örtün ve 20 dakika pişirin. Mısır ununu biraz su ile karıştırın, çorba ile karıştırın ve çorba koyulaşıp berraklaşana kadar karıştırarak pişirin.

baharatlı dana çorbası

4 kişilik

45ml / 3 yemek kaşığı yer fıstığı (yer fıstığı) yağı

1 diş ezilmiş sarımsak

5ml / 1 çay kaşığı tuz

225 gr / 8 ons kıyma (kıyma)

6 taze soğan (taze soğan), şeritler halinde kesilmiş

1 adet şeritler halinde kesilmiş kırmızı dolmalık biber

1 adet şeritler halinde kesilmiş yeşil biber

225 gr kıyılmış lahana

1 l / 1¾ puan / 4¼ su bardağı et suyu

30ml / 2 yemek kaşığı erik sosu

30ml / 2 yemek kaşığı hoisin sosu

45ml / 3 yemek kaşığı soya sosu

2 parça kök zencefil, kıyılmış

2 yumurta

5ml / 1 çay kaşığı susam yağı

225 g / 8 ons berrak erişte, ıslatılmış

Yağı ısıtın ve sarımsak ve tuzu hafifçe kızarana kadar soteleyin. Eti ekleyin ve hızlıca kızartın. Sebzeleri ekleyin ve yarı saydam olana kadar soteleyin. Et suyu, erik sosu, kuru üzüm sosu, 30ml/2 ekleyin

çorba kaşığı soya sosu ve zencefil, kaynatın ve 10 dakika pişirin. Yumurtaları susam yağı ve kalan soya sosuyla çırpın. Erişte ile çorbaya ekleyin ve karıştırarak, yumurtalar ipler haline gelene ve erişteler yumuşayana kadar pişirin.

göksel çorba

4 kişilik

2 taze soğan (taze soğan), kıyılmış
1 diş ezilmiş sarımsak
30ml / 2 yemek kaşığı kıyılmış taze maydanoz
5ml / 1 çay kaşığı tuz
15ml / 1 yemek kaşığı fıstık yağı
30ml / 2 yemek kaşığı soya sosu
1,5 l / 2½ puan / 6 su bardağı su

Taze soğan, sarımsak, maydanoz, tuz, yağ ve soya sosu karıştırın. Suyu kaynatın, taze soğan karışımını üzerine dökün ve 3 dakika bekletin.

Tavuk ve bambu filizi çorbası

4 kişilik

2 tavuk budu
30ml / 2 yemek kaşığı fıstık yağı
5ml / 1 çay kaşığı pirinç şarabı veya sek şeri
1,5 l / 2½ puan / 6 su bardağı tavuk suyu
3 taze soğan, dilimlenmiş
100 gr bambu filizi, parçalar halinde kesilmiş
5ml / 1 çay kaşığı kıyılmış zencefil kökü
Tuz

Tavuğu kemik haline getirin ve eti parçalara ayırın. Yağı ısıtın ve tavuğu her taraftan kapanana kadar kızartın. Et suyunu, taze soğanları, bambu filizlerini ve zencefili ekleyin, kaynatın ve tavuk yumuşayana kadar yaklaşık 20 dakika pişirin. Servis yapmadan önce tuzla tatlandırın.

tavuk ve mısır çorbası

4 kişilik

1 lt / 1¾ puan / 4¼ su bardağı tavuk suyu

100 gr / 4 ons tavuk, doğranmış

200 gr kremalı tatlı mısır

dilim doğranmış jambon

çırpılmış yumurta

15 ml / 1 yemek kaşığı pirinç şarabı veya sek şeri

Et suyunu ve tavuğu kaynatın, üzerini kapatın ve 15 dakika pişirin. Mısır ve jambon ekleyin, örtün ve 5 dakika pişirin. Yumurtaları ve şeriyi bir kürdan ile hafifçe karıştırarak ekleyin, böylece yumurtalar ipler oluşturur. Ateşten alın, örtün ve servis yapmadan önce 3 dakika bekletin.

tavuk ve zencefil çorbası

4 kişilik

4 adet kuru Çin mantarı

1,5 l / 2½ puan / 6 su bardağı su veya tavuk suyu

225 gr / 8 oz tavuk eti, kuşbaşı

10 dilim zencefil kökü

5ml / 1 çay kaşığı pirinç şarabı veya sek şeri

Tuz

Mantarları ılık suda 30 dakika bekletin, sonra süzün. Sapları atın. Suyu veya et suyunu diğer malzemelerle kaynatın ve tavuk pişene kadar yaklaşık 20 dakika pişirin.

Çin Mantarlı Tavuk Çorbası

4 kişilik

25 gr / 1 ons kurutulmuş Çin mantarı

100 gr / 4 ons tavuk, kıyılmış

50 g / 2 ons bambu filizi, kıyılmış

30ml / 2 yemek kaşığı soya sosu

30ml / 2 yemek kaşığı pirinç şarabı veya sek şeri

1,2 l / 2 puan / 5 su bardağı tavuk suyu

Mantarları ılık suda 30 dakika bekletin, sonra süzün. Sapları atın ve üstleri kesin. Mantar, tavuk ve bambu filizlerini kaynar suda 30 saniye haşlayıp süzün. Onları bir kaseye koyun ve soya sosu ile şarap veya şeri ekleyin. 1 saat marine etmeye bırakın. Et suyunu kaynatın, tavuk karışımını ekleyin ve marine edin. İyice karıştırın ve tavuk tamamen pişene kadar birkaç dakika pişirin.

Tavuk ve pirinç çorbası

4 kişilik

1 lt / 1¾ puan / 4¼ su bardağı tavuk suyu

225 gr / 8 ons / 1 su bardağı pişmiş uzun taneli pirinç

100 gr pişmiş tavuk, şeritler halinde kesilmiş

1 soğan, dörde bölünmüş

5ml / 1 çay kaşığı soya sosu

Çorbanın kaynamasına izin vermeden tüm malzemeleri sıcak olana kadar hafifçe ısıtın.

Tavuk ve Hindistan Cevizi Çorbası

4 kişilik

350g / 12oz tavuk göğsü

Tuz

10 ml / 2 çay kaşığı mısır unu (mısır)

30ml / 2 yemek kaşığı fıstık yağı

1 yeşil biber, kıyılmış

1 l / 1¾ puan / 4¼ bardak hindistan cevizi sütü

5 ml / 1 çay kaşığı rendelenmiş limon kabuğu rendesi

12 liçi

bir tutam rendelenmiş hindistan cevizi

tuz ve taze çekilmiş karabiber

2 melisa yaprağı

Tavuk göğsünü tahıl boyunca çapraz olarak şeritler halinde dilimleyin. Tuz serpin ve mısır unu ile kaplayın. 10 ml / 2 çay kaşığı yağı bir wok içinde ısıtın, çevirin ve dökün. Bir kez daha tekrarlayın. Yağın geri kalanını ısıtın ve tavuğu ve acı biberi 1 dakika kızartın. Hindistan cevizi sütünü ekleyin ve kaynatın. Limon kabuğu rendesini ekleyin ve 5 dakika kısık ateşte pişirin. Liçileri ekleyin, hindistan cevizi, tuz ve karabiberle tatlandırın ve melisa ile süsleyerek servis yapın.

İstiridye çorbası

4 kişilik

2 adet kuru Çin mantarı
12 istiridye, ıslatılmış ve ovuşturulmuş
1,5 l / 2½ puan / 6 su bardağı tavuk suyu
50 g / 2 ons bambu filizi, kıyılmış
50 g / 2 oz kar bezelyesi (bezelye), ikiye bölünmüş
2 taze soğan (taze soğan), dilimlenmiş
15 ml / 1 yemek kaşığı pirinç şarabı veya sek şeri
bir tutam taze çekilmiş biber

Mantarları ılık suda 30 dakika bekletin, sonra süzün. Sapları atın ve üst kısmını ikiye bölün. İstiridyeleri açılıncaya kadar yaklaşık 5 dakika buharda pişirin; kapalı kalanları atın. Midyeleri kabuklarından çıkarın. Et suyunu kaynatın ve mantarları, bambu filizlerini, kar bezelyelerini ve taze soğanları ekleyin. Kapağı açık olarak 2 dakika pişirin. İstiridye, şarap veya şeri, biber ekleyin ve iyice ısınana kadar pişirin.

yumurta çorbası

4 kişilik

1,2 l / 2 puan / 5 su bardağı tavuk suyu
3 çırpılmış yumurta
45ml / 3 yemek kaşığı soya sosu
tuz ve taze çekilmiş karabiber
4 taze soğan (taze soğan), dilimlenmiş

Et suyunu kaynatın. Yavaş yavaş çırpılmış yumurtaları liflere ayrılacak şekilde ekleyin. Soya sosu ekleyin ve tuz ve karabiberle tatlandırın. Frenk soğanı ile süslenmiş servis yapın.

Yengeç ve tarak çorbası

4 kişilik

4 adet kuru Çin mantarı

15ml / 1 yemek kaşığı fıstık yağı

1 çırpılmış yumurta

1,5 l / 2½ puan / 6 su bardağı tavuk suyu

175 gr yengeç eti, ufalanmış

100 gr / 4 oz kabuklu deniz tarağı, dilimlenmiş

100 gr bambu filizi, dilimlenmiş

2 taze soğan (taze soğan), kıyılmış

1 dilim zencefil kökü, doğranmış

biraz pişmiş ve soyulmuş karides (isteğe bağlı)

45 ml / 3 yemek kaşığı mısır unu (mısır)

90ml / 6 yemek kaşığı su

30ml / 2 yemek kaşığı pirinç şarabı veya sek şeri

20ml / 4 çay kaşığı soya sosu

2 yumurta akı

Mantarları ılık suda 30 dakika bekletin, sonra süzün. Sapları atın ve sapları ince dilimler halinde kesin. Yağı ısıtın, yumurtayı ekleyin ve tavayı eğin, böylece yumurta tabanı kaplar. pişmek diğer tarafını çevirip pişirin. Tavadan çıkarın, rulo yapın ve ince şeritler halinde kesin.

Et suyunu kaynatın, kullanılıyorsa mantar, yumurta şeritleri, yengeç eti, deniz tarağı, bambu filizleri, taze soğan, zencefil ve karides ekleyin. Tekrar kaynar. Mısır ununu 60ml / 4 yk su, şarap veya şeri ve soya sosu ile karıştırarak çorbaya ekleyin. Kısık ateşte karıştırarak çorba koyulaşana kadar pişirin. Beyazları kalan suyla çırpın ve karışımı kuvvetlice karıştırarak yavaşça çorbaya dökün.

yengeç çorbası

4 kişilik

90 ml / 6 yemek kaşığı yer fıstığı (yer fıstığı) yağı
3 doğranmış soğan
225 gr / 8 ons beyaz ve kahverengi yengeç eti
1 dilim zencefil kökü, doğranmış
1,2 l / 2 puan / 5 su bardağı tavuk suyu
150 ml / ¼ pt / fincan pirinç şarabı veya sek şeri
45ml / 3 yemek kaşığı soya sosu
tuz ve taze çekilmiş karabiber

Yağı ısıtın ve soğanları yumuşayana kadar ama kızarmadan soteleyin. Yengeç eti ve zencefili ekleyip 5 dakika soteleyin. Et suyu, şarap veya şeri ve soya sosu, tuz ve karabiber ekleyin. Bir kaynamaya getirin, ardından 5 dakika pişirin.

Balık çorbası

4 kişilik

225 gr balık filetosu
1 dilim zencefil kökü, doğranmış
15 ml / 1 yemek kaşığı pirinç şarabı veya sek şeri
30ml / 2 yemek kaşığı fıstık yağı
1,5 l / 2½ puan / 6 su bardağı balık suyu

Balıkları damarlara karşı ince şeritler halinde kesin. Zencefil, şarap veya şeri ve yağı karıştırın, balığı ekleyin ve hafifçe karıştırın. Ara sıra çevirerek 30 dakika marine etmeye bırakın. Et suyunu kaynatın, balığı ekleyin ve 3 dakika pişirin.

Balık ve marul çorbası

4 kişilik

225 gr / 8 ons beyaz balık filetosu
30ml / 2 yemek kaşığı çok amaçlı un
tuz ve taze çekilmiş karabiber
90 ml / 6 yemek kaşığı yer fıstığı (yer fıstığı) yağı
6 taze soğan (taze soğan), dilimlenmiş
100 gr marul, rendelenmiş
1,2 l / 2 puan / 5 bardak su
10ml / 2 çay kaşığı ince kıyılmış zencefil kökü
150 ml / ¼ pt / cömert ½ bardak pirinç şarabı veya sek şeri
30 ml / 2 yemek kaşığı mısır unu (mısır)
30ml / 2 yemek kaşığı kıyılmış taze maydanoz
10ml / 2 çay kaşığı limon suyu
30ml / 2 yemek kaşığı soya sosu

Balıkları ince şeritler halinde kesin, ardından terbiyeli unu ekleyin. Yağı ısıtın ve taze soğanları yumuşayana kadar soteleyin. Marulu ekleyin ve 2 dakika soteleyin. Balıkları ekleyin ve 4 dakika pişirin. Su, zencefil ve şarap veya şeri ekleyin, kaynatın, üzerini kapatın ve 5 dakika pişirin. Mısır ununu biraz su ile karıştırarak çorbaya ilave edin. Çorba kadar 4 dakika daha karıştırarak kısık ateşte pişirin.

durulayın, ardından tuz ve karabiber ekleyin. Maydanoz, limon suyu ve soya sosu serperek servis yapın.

Köfte ile zencefil çorbası

4 kişilik

5 cm rendelenmiş zencefil

350g / 12oz esmer şeker

1,5 l / 2½ puan / 7 su bardağı su

225 gr / 8 ons / 2 su bardağı pirinç unu

2.5ml / ½ çay kaşığı tuz

60ml / 4 yemek kaşığı su

Zencefili, şekeri ve suyu bir tencereye alın ve karıştırarak kaynatın. Örtün ve yaklaşık 20 dakika kısık ateşte pişirin. Çorbayı süzün ve tencereye geri koyun.

Bu sırada unu ve tuzu bir kaba alıp yeterince su ile yavaş yavaş yoğurarak koyu kıvamlı bir hamur elde edin. Küçük toplar halinde yuvarlayın ve köfteleri çorbaya koyun. Çorbayı tekrar kaynatın, üzerini kapatın ve köfteler pişene kadar 6 dakika daha pişirin.

sıcak ve ekşi çorba

4 kişilik

8 adet kurutulmuş Çin mantarı
1 lt / 1¾ puan / 4¼ su bardağı tavuk suyu
100 gr / 4 ons tavuk, şeritler halinde kesilmiş
100 g / 4 ons bambu filizi, şeritler halinde kesilmiş
100 gr / 4 ons tofu, şeritler halinde kesilmiş
15ml / 1 yemek kaşığı soya sosu
30ml / 2 yemek kaşığı şarap sirkesi
30 ml / 2 yemek kaşığı mısır unu (mısır)
2 çırpılmış yumurta
birkaç damla susam yağı

Mantarları ılık suda 30 dakika bekletin, sonra süzün. Sapları atın ve üstleri şeritler halinde kesin. Mantarları, et suyunu, tavuğu, bambu filizlerini ve tofuyu kaynatın, üzerini kapatın ve 10 dakika pişirin. Soya sosu, şarap sirkesi ve mısır unu pürüzsüz bir macun haline getirin, çorba ile karıştırın ve çorba şeffaf olana kadar 2 dakika pişirin. Yumurtaları ve susam yağını kürdanla karıştırarak yavaş yavaş ekleyin. Örtün ve servis yapmadan önce 2 dakika bekletin.

Mantar çorbası

4 kişilik

15 adet kuru Çin mantarı
1,5 l / 2½ puan / 6 su bardağı tavuk suyu
5ml / 1 çay kaşığı tuz

Mantarları 30 dakika ılık suda bekletin, ardından sıvıyı ayırarak süzün. Sapları ayıklayın ve büyükse sapları ikiye bölün ve ısıya dayanıklı geniş bir kaba koyun. Kaseyi buharlı pişiricinin rafına yerleştirin. Et suyunu kaynatın, mantarların üzerine dökün, üzerini kapatın ve kaynayan suda 1 saat buharda pişirin. Tuzla tatlandırın ve servis yapın.

Mantar ve lahana çorbası

4 kişilik

25 gr / 1 ons kurutulmuş Çin mantarı
15ml / 1 yemek kaşığı fıstık yağı
50 gr Çin yaprağı, rendelenmiş
15 ml / 1 yemek kaşığı pirinç şarabı veya sek şeri
15ml / 1 yemek kaşığı soya sosu
1,2 l / 2 puan / 5 su bardağı tavuk veya sebze suyu
tuz ve taze çekilmiş karabiber
5ml / 1 çay kaşığı susam yağı

Mantarları ılık suda 30 dakika bekletin, sonra süzün. Sapları atın ve üstleri kesin. Yağı ısıtın ve mantarları ve Çin yapraklarını iyice kaplanana kadar 2 dakika kızartın. Şarabı veya şeri ve soya sosunu ekleyin, ardından suyu ekleyin. Kaynatın, tuz ve karabiberle tatlandırın ve 5 dakika pişirin. Servis yapmadan önce susam yağı gezdirin.

Mantarlı yumurta çorbası

4 kişilik

1 lt / 1¾ puan / 4¼ su bardağı tavuk suyu

30 ml / 2 yemek kaşığı mısır unu (mısır)

100 gr / 4 ons mantar, dilimlenmiş

1 dilim ince kıyılmış soğan

bir tutam tuz

3 damla susam yağı

2.5ml / ½ çay kaşığı soya sosu

1 çırpılmış yumurta

Et suyundan biraz mısır nişastası ile karıştırın, ardından yumurta hariç tüm malzemeleri karıştırın. Kaynatın, örtün ve 5 dakika pişirin. Yumurtayı bir kürdan ile karıştırarak ekleyin, böylece yumurta ipler oluşturur. Ateşten alın ve servis yapmadan önce 2 dakika bekletin.

Mantar ve kestane çorbası

4 kişilik

1 l / 1¾ puan / 4¼ su bardağı sebze suyu veya su

2 ince doğranmış soğan

5ml / 1 çay kaşığı pirinç şarabı veya sek şeri

30ml / 2 yemek kaşığı soya sosu

225g / 8 ons mantar

100 gr / 4 ons su kestanesi, dilimlenmiş

100 gr bambu filizi, dilimlenmiş

birkaç damla susam yağı

2 marul yaprağı, parçalar halinde kesilmiş

2 taze soğan (taze soğan), parçalar halinde kesilmiş

Suyu, soğanları, şarabı veya şeri ve soya sosunu kaynatın, üzerini kapatın ve 10 dakika pişirin. Mantarları, kestaneleri ve bambu filizlerini ekleyin, üzerini kapatın ve 5 dakika pişirin. Susam yağı, marul yaprakları ve taze soğanı ekleyin, ocaktan alın, üzerini kapatın ve servis yapmadan önce 1 dakika bekletin.

Domuz eti ve mantar çorbası

4 kişilik

60ml / 4 yemek kaşığı fıstık yağı

1 diş ezilmiş sarımsak

2 dilimlenmiş soğan

225 gr yağsız domuz eti, şeritler halinde kesilmiş

1 sap kereviz doğranmış

50 gr mantar, dilimlenmiş

2 havuç, dilimlenmiş

1,2 l / 2 puan / 5 su bardağı et suyu

15ml / 1 yemek kaşığı soya sosu

tuz ve taze çekilmiş karabiber

15 ml / 1 yemek kaşığı mısır unu (mısır)

Yağı ısıtın ve sarımsak, soğan ve domuz etini soğanlar yumuşayana ve hafifçe kızarana kadar soteleyin. Kerevizi, mantarı ve havucu ekleyin, üzerini kapatın ve 10 dakika pişirin. Et suyunu kaynatın, ardından soya sosuyla tencereye ekleyin ve tuz ve karabiberle tatlandırın. Mısır ununu biraz suyla karıştırın, ardından tavaya dökün ve karıştırarak yaklaşık 5 dakika pişirin.

Domuz eti ve su teresi çorbası

4 kişilik

1,5 l / 2½ puan / 6 su bardağı tavuk suyu
100 gr yağsız domuz eti, şeritler halinde kesilmiş
3 kereviz sapı, çapraz olarak kesilmiş
2 taze soğan (taze soğan), dilimlenmiş
1 demet su teresi
5ml / 1 çay kaşığı tuz

Et suyunu kaynatın, domuz eti ve kereviz ekleyin, üzerini kapatın ve 15 dakika pişirin. Taze soğanları, su teresini ve tuzu ekleyin ve üstü açık olarak yaklaşık 4 dakika pişirin.

Domuz eti ve salatalık çorbası

4 kişilik

100 gr yağsız domuz eti, ince dilimlenmiş
5ml / 1 tatlı kaşığı mısır unu (mısır nişastası)
15ml / 1 yemek kaşığı soya sosu
15 ml / 1 yemek kaşığı pirinç şarabı veya sek şeri
1 salatalık
1,5 l / 2½ puan / 6 su bardağı tavuk suyu
5ml / 1 çay kaşığı tuz

Domuz eti, mısır unu, soya sosu ve şarap veya şeri birleştirin. Domuz eti kaplamak için karıştırın. Salatalığı soyun ve uzunlamasına ikiye bölün, ardından tohumları çıkarın. Kalın dilimler halinde kesin. Et suyunu kaynatın, domuz etini ekleyin, üzerini kapatın ve 10 dakika pişirin. Salatalığı ekleyin ve yarı saydam olana kadar birkaç dakika pişirin. Tuz ekleyin ve istenirse biraz daha soya sosu ekleyin.

Domuz Topu ve Erişte Çorbası

4 kişilik

50g / 2oz pirinç eriştesi

225 gr domuz kıyması (kıyılmış)

5ml / 1 tatlı kaşığı mısır unu (mısır nişastası)

2.5ml / ½ çay kaşığı tuz

30ml / 2 yemek kaşığı su

1,5 l / 2½ puan / 6 su bardağı tavuk suyu

1 taze soğan (taze soğan), ince kıyılmış

5ml / 1 çay kaşığı soya sosu

Köfteleri hazırlarken erişteleri ıslatmak için soğuk suya koyun. Domuz eti, mısır nişastası, biraz tuz ve suyu karıştırıp ceviz büyüklüğünde toplar yapın. Bir tencereye su kaynatın, domuz köftelerini ekleyin, üzerini kapatın ve 5 dakika pişirin. İyice süzün ve erişteleri süzün. Et suyunu kaynatın, köfteleri ve erişteleri ekleyin, üzerini kapatın ve 5 dakika pişirin. Taze soğan, soya sosu ve kalan tuzu ekleyin ve 2 dakika daha pişirin.

Ispanak ve tofu çorbası

4 kişilik

1,2 l / 2 puan / 5 su bardağı tavuk suyu
200 gr konserve domates, süzülmüş ve doğranmış
225 gr / 8 ons tofu küpler halinde kesilmiş
225g / 8oz doğranmış ıspanak
30ml / 2 yemek kaşığı soya sosu
5 ml / 1 çay kaşığı esmer şeker
tuz ve taze çekilmiş karabiber

Et suyunu kaynatın, ardından domatesleri, tofuyu ve ıspanağı ekleyin ve hafifçe karıştırın. Tekrar kaynatın ve 5 dakika pişirin. Soya sosu ve şekeri ekleyin ve tuz ve karabiberle tatlandırın. Servis yapmadan önce 1 dakika kaynamaya bırakın.

Tatlı mısır ve yengeç çorbası

4 kişilik

1,2 l / 2 puan / 5 su bardağı tavuk suyu

200g / 7oz tatlı mısır

tuz ve taze çekilmiş karabiber

1 çırpılmış yumurta

200 gr yengeç eti, ufalanmış

3 arpacık soğan, doğranmış

Et suyunu kaynatın, tuz ve karabiberle tatlandırılmış tatlı mısırı ekleyin. 5 dakika kısık ateşte pişirin. Servis yapmadan hemen önce yumurtaları çatalla kırın ve çorbanın üzerine gezdirin. Üzerine yengeç eti ve kıyılmış arpacık soğanı serperek servis yapın.

Sichuan çorbası

4 kişilik

4 adet kuru Çin mantarı

1,5 l / 2½ puan / 6 su bardağı tavuk suyu

75ml / 5 yemek kaşığı sek beyaz şarap

15ml / 1 yemek kaşığı soya sosu

2.5ml / ½ çay kaşığı biber sosu

30 ml / 2 yemek kaşığı mısır unu (mısır)

60ml / 4 yemek kaşığı su

100 gr yağsız domuz eti, şeritler halinde kesilmiş

50 gr pişmiş jambon, şeritler halinde kesilmiş

1 adet şeritler halinde kesilmiş kırmızı dolmalık biber

50 g / 2 ons su kestanesi, dilimlenmiş

10ml / 2 çay kaşığı şarap sirkesi

5ml / 1 çay kaşığı susam yağı

1 çırpılmış yumurta

100 gr kabuklu karides

6 taze soğan (taze soğan), dilimlenmiş

175 gr / 6 oz tofu küpler halinde kesilmiş

Mantarları ılık suda 30 dakika bekletin, sonra süzün. Sapları atın ve üstleri kesin. Et suyu, şarap, soya getir sosu ve acı sosu kaynatın, üzerini kapatın ve 5 dakika pişirin. Mısır unu ile suyun yarısını karıştırın ve çorba koyulaşana kadar karıştırarak çorbaya ekleyin. Mantar, domuz eti, jambon, biber ve su kestanelerini ekleyin ve 5 dakika kısık ateşte pişirin. Şarap sirkesi ve susam yağını ekleyin. Yumurtayı kalan suyla çırpın ve kuvvetlice karıştırarak çorbaya dökün. Karidesleri, taze soğanları ve tofuyu ekleyin ve ısınması için birkaç dakika pişirin.

tofu çorbası

4 kişilik

1,5 l / 2½ puan / 6 su bardağı tavuk suyu

225 gr / 8 ons tofu küpler halinde kesilmiş

5ml / 1 çay kaşığı tuz

5ml / 1 çay kaşığı soya sosu

Et suyunu kaynatın ve tofu, tuz ve soya sosu ekleyin. Tofu sıcak olana kadar birkaç dakika pişirin.

Tofu ve balık çorbası

4 kişilik

225 gr beyaz balık filetosu, şeritler halinde kesilmiş
150 ml / ¼ pt / cömert ½ bardak pirinç şarabı veya sek şeri
10ml / 2 çay kaşığı ince kıyılmış zencefil kökü
45ml / 3 yemek kaşığı soya sosu
2.5ml / ½ çay kaşığı tuz
60ml / 4 yemek kaşığı fıstık yağı
2 doğranmış soğan
100 gr / 4 ons mantar, dilimlenmiş
1,2 l / 2 puan / 5 su bardağı tavuk suyu
100 gr / 4 oz tofu küpler halinde kesilmiş
tuz ve taze çekilmiş karabiber

Balıkları bir kaseye koyun. Şarap veya şeri, zencefil, soya sosu ve tuzu karıştırın ve balığın üzerine dökün. 30 dakika marine etmeye bırakın. Yağı ısıtın ve soğanı 2 dakika soteleyin. Mantarları ekleyin ve soğanlar yumuşayana ancak kahverengileşmeyene kadar kızartmaya devam edin. Balık ve turşuyu ekleyin, kaynatın, üzerini kapatın ve 5 dakika pişirin. Et suyunu ekleyin, kaynatın, üzerini kapatın ve 15 dakika pişirin.

Tofuyu ekleyin ve tuz ve karabiberle tatlandırın. Tofu pişene kadar kısık ateşte pişirin.

domates çorbası

4 kişilik

400 gr / 14 oz konserve domates, süzülmüş ve doğranmış
1,2 l / 2 puan / 5 su bardağı tavuk suyu
1 dilim zencefil kökü, doğranmış
15ml / 1 yemek kaşığı soya sosu
15ml / 1 yemek kaşığı biber sosu
10ml / 2 çay kaşığı şeker

Tüm malzemeleri bir tencereye koyun ve ara sıra karıştırarak yavaş kaynatın. Servis yapmadan önce yaklaşık 10 dakika pişirin.

domates ve ıspanak çorbası

4 kişilik

1,2 l / 2 puan / 5 su bardağı tavuk suyu
225 gr / 8 ons konserve doğranmış domates
225 gr / 8 ons tofu küpler halinde kesilmiş
225 gr / 8 ons ıspanak
30ml / 2 yemek kaşığı soya sosu
tuz ve taze çekilmiş karabiber
2.5ml / ½ çay kaşığı şeker
2,5 ml / ½ çay kaşığı pirinç şarabı veya sek şeri

Et suyunu kaynatın, ardından domates, tofu ve ıspanağı ekleyin ve 2 dakika pişirin. Diğer malzemeleri de ekleyin ve 2 dakika daha pişirin, ardından iyice karıştırın ve servis yapın.

şalgam çorbası

4 kişilik

1 lt / 1¾ puan / 4¼ su bardağı tavuk suyu
1 büyük şalgam, ince dilimlenmiş
200 gr yağsız domuz eti, ince dilimlenmiş
15ml / 1 yemek kaşığı soya sosu
60ml / 4 yemek kaşığı konyak
tuz ve taze çekilmiş karabiber
4 arpacık soğan, ince kıyılmış

Et suyunu kaynatın, şalgam ve domuz eti ekleyin, örtün ve şalgam yumuşayana ve et tamamen pişene kadar 20 dakika pişirin. Soya sosu ekleyin ve brendiyi tatlandırın. Sıcak servis yapmaya hazır olana kadar pişirin, üzerine arpacık serpin.

Sebze çorbası

4 kişilik

6 adet kuru Çin mantarı
1 l / 1¾ puan / 4¼ su bardağı sebze suyu
50 gr bambu filizi, şeritler halinde kesilmiş
50 g / 2 ons su kestanesi, dilimlenmiş
8 bezelye, dilimlenmiş
5ml / 1 çay kaşığı soya sosu

Mantarları ılık suda 30 dakika bekletin, sonra süzün. Sapları atın ve üstleri şeritler halinde kesin. Bambu filizleri ve kestanelerle birlikte et suyuna ekleyin ve kaynatın, üzerini kapatın ve 10 dakika pişirin. Mangetout ve soya sosu ekleyin, örtün ve 2 dakika kısık ateşte pişirin. Servis yapmadan önce 2 dakika bekletin.

vejetaryen çorbası

4 kişilik

¼ beyaz lahana

2 havuç

3 sap kereviz

2 taze soğan (taze soğan)

30ml / 2 yemek kaşığı fıstık yağı

1,5 l / 2½ puan / 6 su bardağı su

15ml / 1 yemek kaşığı soya sosu

15 ml / 1 yemek kaşığı pirinç şarabı veya sek şeri

5ml / 1 çay kaşığı tuz

taze kara biber

Sebzeleri şeritler halinde kesin. Yağı ısıtın ve sebzeleri yumuşayana kadar 2 dakika kızartın. Malzemelerin geri kalanını ekleyin, kaynatın, örtün ve 15 dakika pişirin.

Su teresi çorbası

4 kişilik

1 lt / 1¾ puan / 4¼ su bardağı tavuk suyu
1 ince doğranmış soğan
1 sap kereviz, ince kıyılmış
225 gr / 8 ons doğranmış su teresi
tuz ve taze çekilmiş karabiber

Et suyunu, soğanı ve kerevizi kaynatın, üzerini kapatın ve 15 dakika pişirin. Su teresini ekleyin, örtün ve 5 dakika pişirin. Tuz ve karabiber serpin.

Sebzeli Kızarmış Balık

4 kişilik

4 adet kuru Çin mantarı
4 bütün balık, temizlenmiş ve pulsuz
kızartma yağı
30 ml / 2 yemek kaşığı mısır unu (mısır)
45ml / 3 yemek kaşığı yer fıstığı (yer fıstığı) yağı
100 g / 4 ons bambu filizi, şeritler halinde kesilmiş
50 g / 2 ons su kestanesi, şeritler halinde kesilmiş
50g Çin lahanası, rendelenmiş
2 dilim kök zencefil, doğranmış
30ml / 2 yemek kaşığı pirinç şarabı veya sek şeri
30ml / 2 yemek kaşığı su
15ml / 1 yemek kaşığı soya sosu
5ml / 1 çay kaşığı şeker
120 ml / 4 fl oz / ¬Ω fincan balık suyu
tuz ve taze çekilmiş karabiber
¬Ω marul kalpleri, kıyılmış
15 ml / 1 yemek kaşığı kıyılmış düz yapraklı maydanoz

Mantarları ılık suda 30 dakika bekletin, sonra süzün. Sapları atın ve üstleri kesin. Balıkları ikiye bölün mısır unu ve fazla silkeleyin. Yağı ısıtın ve balıkları pişene kadar yaklaşık 12 dakika kızartın. Emici kağıt üzerine boşaltın ve sıcak tutun.

Yağı ısıtın ve mantarları, bambu filizlerini, kestaneleri ve lahanayı 3 dakika soteleyin. Zencefil, şarap veya şeri, 15ml / 1 yk su, soya sosu ve şekeri ekleyip 1 dakika soteleyin. Et suyu, tuz ve karabiber ekleyin, kaynatın, üzerini kapatın ve 3 dakika pişirin. Mısır unu ile kalan suyu karıştırın, tencereye dökün ve sos koyulaşana kadar karıştırarak pişirin. Marulu servis tabağına alın ve üzerine balıkları yerleştirin. Sebzeleri ve sosu üzerine dökün ve maydanozla süsleyerek servis yapın.

Fırında bütün balık

4 kişilik

1 büyük levrek veya benzeri balık
45 ml / 3 yemek kaşığı mısır unu (mısır)
45ml / 3 yemek kaşığı yer fıstığı (yer fıstığı) yağı
1 doğranmış soğan
2 diş sarımsak, kıyılmış
50 g / 2 oz jambon şeritler halinde kesilmiş
100 gr kabuklu karides
15ml / 1 yemek kaşığı soya sosu
15 ml / 1 yemek kaşığı pirinç şarabı veya sek şeri
5ml / 1 çay kaşığı şeker
5ml / 1 çay kaşığı tuz

Balıkları mısır unu ile kaplayın. Yağı ısıtın ve soğan ve sarımsağı hafifçe kızarana kadar soteleyin. Balık ekleyin ve her iki tarafta kızarana kadar kızartın. Balıkları bir kızartma tavasında bir alüminyum folyo tabakasına aktarın ve üstüne jambon ve karides ekleyin. Tencereye soya sosu, şarap veya şeri, şeker ve tuzu ekleyin ve iyice karıştırın. Balığın üzerine dökün, folyoyu kapatın ve önceden ısıtılmış fırında 150 C / 300 F / termostat 2'de 20 dakika pişirin.

Kızarmış soya balığı

4 kişilik

1 büyük levrek veya benzeri balık

Tuz

50 g / 2 oz / ¬Ω fincan çok amaçlı un

60ml / 4 yemek kaşığı fıstık yağı

3 dilim kök zencefil, doğranmış

3 taze soğan (taze soğan), kıyılmış

250 ml / 8 fl oz / 1 bardak su

45ml / 3 yemek kaşığı soya sosu

15 ml / 1 yemek kaşığı pirinç şarabı veya sek şeri

2.5ml/¬Ω çay kaşığı şeker

Balığı temizleyin ve ölçeklendirin ve her iki taraftan çapraz olarak işaretleyin. Tuz serpin ve 10 dakika bekletin. Yağı ısıtın ve balıkları her iki tarafı da kızarana kadar kızartın, bir kez çevirin ve pişerken yağla yağlayın. Zencefil, taze soğan, su, soya sosu, şarap veya şeri ve şekeri ekleyin, kaynatın, üzerini kapatın ve balık pişene kadar 20 dakika pişirin. Sıcak veya soğuk servis yapın.

İstiridye soslu soya balığı

4 kişilik

1 büyük levrek veya benzeri balık

Tuz

60ml / 4 yemek kaşığı fıstık yağı

3 taze soğan (taze soğan), kıyılmış

2 dilim kök zencefil, doğranmış

1 diş ezilmiş sarımsak

45ml / 3 yemek kaşığı istiridye sosu

30ml / 2 yemek kaşığı soya sosu

5ml / 1 çay kaşığı şeker

250 ml / 8 fl oz / 1 su bardağı balık suyu

Balığı temizleyin ve ölçeklendirin ve her iki tarafta birkaç kez çapraz olarak puanlayın. Tuz serpin ve 10 dakika bekletin. Yağın çoğunu ısıtın ve balığın her iki tarafı da kızarana kadar bir kez çevirerek kızartın. Bu arada, yağın geri kalanını ayrı bir tavada ısıtın ve taze soğan, zencefil ve sarımsağı hafif altın rengi olana kadar soteleyin. İstiridye sosu, soya sosu ve şekeri ekleyip 1 dakika soteleyin. Et suyunu ekleyin ve kaynatın. Karışımı çipuraya dökün, tekrar kaynatın, üzerini kapatın ve yakl.

Balık pişene kadar 15 dakika, pişirme sırasında bir veya iki kez çevirin.

buhar altında

4 kişilik

1 büyük levrek veya benzeri balık
2,25 l / 4 puan / 10 bardak su
3 dilim kök zencefil, doğranmış
15ml / 1 yemek kaşığı tuz
15 ml / 1 yemek kaşığı pirinç şarabı veya sek şeri
30ml / 2 yemek kaşığı fıstık yağı

Balığı temizleyin ve ölçeklendirin ve her iki tarafı çapraz olarak birkaç kez işaretleyin. Suyu büyük bir tencerede kaynatın ve kalan malzemeleri ekleyin. Balığı suya daldırın, üzerini sıkıca kapatın, ocağı kapatın ve balık pişene kadar 30 dakika bekletin.

Mantarlı kızarmış balık

4 kişilik

4 adet kuru Çin mantarı

1 büyük sazan veya benzeri balık

Tuz

45ml / 3 yemek kaşığı yer fıstığı (yer fıstığı) yağı

2 taze soğan (taze soğan), kıyılmış

1 dilim zencefil kökü, doğranmış

3 diş sarımsak, kıyılmış

100 g / 4 ons bambu filizi, şeritler halinde kesilmiş

250 ml / 8 fl oz / 1 su bardağı balık suyu

30ml / 2 yemek kaşığı soya sosu

15 ml / 1 yemek kaşığı pirinç şarabı veya sek şeri

2.5ml/¬Ω çay kaşığı şeker

Mantarları ılık suda 30 dakika bekletin, sonra süzün. Sapları atın ve üstleri kesin. Balıkları her iki taraftan birkaç kez çapraz olarak çizin, tuz serpin ve 10 dakika bekletin. Yağı ısıtın ve balıkları her iki tarafta hafifçe kızarana kadar kızartın. Taze soğan, zencefil ve sarımsağı ekleyip 2 dakika soteleyin. Malzemelerin geri kalanını ekleyin, kaynatın, örtün ve ara sıra karıştırarak bir veya iki kez çevirerek balık tamamen pişene kadar 15 dakika pişirin.

Tatlı ve ekşi balık

4 kişilik

1 büyük levrek veya benzeri balık

1 çırpılmış yumurta

50 gr / 2 oz mısır unu (mısır)

Kızartma yağı

Sosu için:

15ml / 1 yemek kaşığı fıstık yağı

1 adet şeritler halinde kesilmiş yeşil biber

100 g / 4 oz şurup içinde konserve ananas parçaları

1 soğan, dörde bölünmüş

100 gr / 4 ons / ¬Ω su bardağı esmer şeker

60ml / 4 yemek kaşığı tavuk suyu

60ml / 4 yemek kaşığı şarap sirkesi

15 ml / 1 yemek kaşığı domates püresi (salça)

15 ml / 1 yemek kaşığı mısır unu (mısır)

15ml / 1 yemek kaşığı soya sosu

3 taze soğan (taze soğan), kıyılmış

Balığı temizleyin ve isterseniz yüzgeçleri ve başı çıkarın. Çırpılmış yumurtaya ve ardından mısır unu ile kaplayın. Yağı ısıtın ve balıkları tamamen pişene kadar kızartın. İyice süzün ve sıcak tutun.

Sosu yapmak için yağı ısıtın ve dolmalık biber, süzülmüş ananas ve soğanı 4 dakika soteleyin. 30ml / 2 yemek kaşığı ananas şurubu, şeker, et suyu, şarap sirkesi, domates püresi, mısır nişastası ve soya sosu ekleyin ve karıştırarak kaynatın. Sos berraklaşana ve koyulaşana kadar karıştırarak kısık ateşte pişirin. Balığın üzerine dökün ve taze soğan serperek servis yapın.

www.ingramcontent.com/pod-product-compliance
Lightning Source LLC
Chambersburg PA
CBHW050353120526
44590CB00015B/1671